心一堂術數古籍珍本叢刊

書名：新相術
系列：心一堂術數古籍珍本叢刊　相術類　第二輯　145
作者：【美國】李拉克福原著、【民國】沈有乾編譯
主編、責任編輯：陳劍聰
心一堂術數古籍珍本叢刊編校小組：陳劍聰　素聞　梁松盛　鄒偉才　虛白盧主

出版：心一堂有限公司
通訊地址：香港九龍旺角彌敦道六一〇號荷李活商業中心十八樓〇五一〇六室
深港讀者服務中心‧中國深圳市羅湖區立新路六號羅湖商業大厦負一層〇〇八室
電話號碼：(852)67150840
網址：publish.sunyata.cc
電郵：sunyatabook@gmail.com
網店：http://book.sunyata.cc
淘寶店地址：https://shop210782774.taobao.com
微店地址：https://weidian.com/s/1212826297
臉書：https://www.facebook.com/sunyatabook
讀者論壇：http://bbs.sunyata.cc/

版次：二零一六年五月初版
平裝

港幣　九十八元正
定價：人民幣　九十八元正
新台幣　四百八十元正

國際書號：ISBN 978-988-8317-18-9

香港發行：香港聯合書刊物流有限公司
地址：香港新界大埔汀麗路36號中華商務印刷大厦3樓
電話號碼：(852)2150-2100
傳真號碼：(852)2407-3062
電郵：info@suplogistics.com.hk

台灣發行：秀威資訊科技股份有限公司
地址：台灣台北市內湖區瑞光路七十六巷六十五號一樓
電話號碼：+886-2-2796-3638
傳真號碼：+886-2-2796-1377
網絡書店：www.bodbooks.com.tw
台灣國家書店讀者服務中心：
地址：台灣台北市中山區松江路二〇九號一樓
電話號碼：+886-2-2518-0207
傳真號碼：+886-2-2518-0778
網絡書店：http://www.govbooks.com.tw

中國大陸發行　零售：深圳心一堂文化傳播有限公司
深圳地址：深圳市羅湖區立新路六號羅湖商業大厦負一層〇〇八室
電話號碼：(86)0755-82224934

心一堂微店二維碼

心一堂淘寶店二維碼

心一堂術數古籍 珍本 整理 叢刊 總序

術數定義

術數，大概可謂以「推算（推演）、預測人（個人、群體、國家等）、事、物、自然現象、時間、空間方位等規律及氣數，並或通過種種『方術』，從而達致趨吉避凶或某種特定目的」之知識體系和方法。

術數類別

我國術數的內容類別，歷代不盡相同，例如《漢書・藝文志》中載，漢代術數有六類：天文、曆譜、五行、蓍龜、雜占、形法。至清代《四庫全書》，術數類則有：數學、占候、相宅相墓、占卜、命書、相書、陰陽五行、雜技術等，其他如《後漢書・方術部》、《藝文類聚・方術部》、《太平御覽・方術部》等，對於術數的分類，皆有差異。古代多把天文、曆譜、及部分數學均歸入術數類，而民間流行亦視傳統醫學作為術數的一環；此外，有些術數與宗教中的方術亦往往難以分開。現代民間則常將各種術數歸納為五大類別：命、卜、相、醫、山，通稱「五術」。

本叢刊在《四庫全書》的分類基礎上，將術數分為九大類別：占筮、星命、相術、堪輿、選擇、三式、讖諱、理數（陰陽五行）、雜術（其他）。而未收天文、曆譜、算術、宗教方術、醫學。

術數思想與發展——從術到學，乃至合道

我國術數是由上古的占星、卜筮、形法等術發展下來的。其中卜筮之術，是歷經夏商周三代而通過「龜卜、蓍筮」得出卜（筮）辭的一種預測（吉凶成敗）術，之後歸納並結集成書，此即現傳之《易

經》。經過春秋戰國至秦漢之際，受到當時諸子百家的影響、儒家的推崇，遂有《易傳》等的出現，原本是卜筮術書的《易經》，被提升及解讀成有包涵「天地之道（理）」之學。因此，《易・繫辭傳》曰：「易與天地準，故能彌綸天地之道。」

漢代以後，易學中的陰陽學說，與五行、九宮、干支、氣運、災變、律曆、卦氣、讖緯、天人感應說等相結合，形成易學中象數系統。而其他原與《易經》本來沒有關係的術數，如占星、形法、選擇，亦漸漸以易理（象數學說）為依歸。《四庫全書・易類小序》云：「術數之興，多在秦漢以後。要其旨，不出乎陰陽五行，生尅制化。實皆《易》之支派，傳以雜說耳。」至此，術數可謂已由「術」發展成「學」。

及至宋代，術數理論與理學中的河圖洛書、太極圖、邵雍先天之學及皇極經世等學說給合，通過術數以演繹理學中「天地中有一太極，萬物中各有一太極」（《朱子語類》）的思想。術數理論不單已發展至十分成熟，而且也從其學理中衍生一些新的方法或理論，如《梅花易數》、《河洛理數》等。

在傳統上，術數功能往往不止於僅僅作為趨吉避凶的方術，及「能彌綸天地之道」的學問，亦有其「修心養性」的功能，「與道合一」（修道）的內涵。《素問・上古天真論》：「上古之人，其知道者，法於陰陽，和於術數。」數之意義，不單是外在的算數、歷數、氣數，而是與理學中同等的「道」、「理」—心性的功能，北宋理氣家邵雍對此多有發揮：「聖人之心，是亦數也」、「萬化萬事生乎心」、「心為太極」。《觀物外篇》：「先天之學，心法也。……蓋天地萬物之理，盡在其中矣，心一而不分，則能應萬物。」反過來說，宋代的術數理論，受到當時理學、佛道及宋易影響，認為心性本質上是等同天地之太極。天地萬物氣數規律，能通過內觀自心而有所感知，即是內心也已具備有術數的推演及預測、感知能力；相傳是邵雍所創之《梅花易數》，便是在這樣的背景下誕生。

《易・文言傳》已有「積善之家，必有餘慶；積不善之家，必有餘殃」之說，至漢代流行的災變說及讖緯說，我國數千年來都認為天災，異常天象（自然現象），皆與一國或一地的施政者失德有關；下至家族、個人之盛衰，也都與一族一人之德行修養有關。因此，我國術數中除了吉凶盛衰理數之外，人心的德行修養，也是趨吉避凶的一個關鍵因素。

術數與宗教、修道

在這種思想之下，我國術數不單只是附屬於巫術或宗教行為的方術，又往往是一種宗教的修煉手段--通過術數，以知陰陽，乃至合陰陽（道）。「其知道者，法於陰陽，和於術數。」例如，「奇門遁甲」術中，即分為「術奇門」與「法奇門」兩大類。「法奇門」中有大量道教中符籙、手印、存想、內煉的內容，是道教內丹外法的一種重要外法修煉體系。甚至在雷法一系的修煉上，亦大量應用了術數內容。此外，相術、堪輿術中也有修煉望氣（氣的形狀、顏色）的方法；堪輿家除了選擇陰陽宅之吉凶外，也有道教中選擇適合修道環境（法、財、侶、地中的地）的方法，以至通過堪輿術觀察天地山川陰陽之氣，亦成為領悟陰陽金丹大道的一途。

易學體系以外的術數與的少數民族的術數

我國術數中，也有不用或不全用易理作為其理論依據的，如揚雄的《太玄》、司馬光的《潛虛》。也有一些占卜法、雜術不屬於《易經》系統，不過對後世影響較少而已。

外來宗教及少數民族中也有不少雖受漢文化影響（如陰陽、五行、二十八宿等學說。）但仍自成系統的術數，如古代的西夏、突厥、吐魯番等占卜及星占術，藏族中有多種藏傳佛教占卜術、苯教占卜術、擇吉術、推命術、相術等；北方少數民族有薩滿教占卜術；不少少數民族如水族、白族、布朗族、佤族、彝族、苗族等，皆有占雞（卦）草卜、雞蛋卜等術，納西族的占星術、占卜術，彝族畢摩的推命術、占卜術……等等，都是屬於《易經》體系以外的術數。相對上，外國傳入的術數以及其理論，對我國術數影響更大。

曆法、推步術與外來術數的影響

我國的術數與曆法的關係非常緊密。早期的術數中，很多是利用星宿或星宿組合的位置（如某星在某州或某宮某度）付予某種吉凶意義，并據之以推演，例如歲星（木星）、月將（某月太陽所躔之宮次）等。不過，由於不同的古代曆法推步的誤差及歲差的問題，若干年後，其術數所用之星辰的位置，已與真實星辰的位置不一樣了；此如歲星（木星），早期的曆法及術數以十二年為一周期（以應地支），與木星真實周期十一點八六年，每幾十年便錯一宮。後來術家又設一「太歲」的假想星體來解決，是歲星運行的相反，週期亦剛好是十二年。而術數中的神煞，很多即是根據太歲的位置而定。又如六壬術中的「月將」，原是立春節氣後太陽躔娵訾之次而稱作「登明亥將」，至宋代，因歲差的關係，要到雨水節氣後太陽才躔娵訾之次，當時沈括提出了修正，但明清時六壬術中「月將」仍然沿用宋代沈括修正的起法沒有再修正。

由於以真實星象周期的推步術是非常繁複，而且古代星象推步術本身亦有不少誤差，大多數術數除依曆書保留了太陽（節氣）、太陰（月相）的簡單宮次計算外，漸漸形成根據干支、日月等的各自起例，以起出其他具有不同含義的眾多假想星象及神煞系統。唐宋以後，我國絕大部分術數都主要沿用這一系統，也出現了不少完全脫離真實星象的術數，如《子平術》、《紫微斗數》、《鐵版神數》等。後來就連一些利用真實星辰位置的術數，如《七政四餘術》及選擇法中的《天星選擇》，也已與假想星象及神煞混合而使用了。

隨着古代外國曆（推步）、術數的傳入，如唐代傳入的印度曆法及術數，元代傳入的回回曆等，其中我國占星術便吸收了印度占星術中羅睺星、計都星等而形成四餘星，又通過阿拉伯占星術而吸收了其中來自希臘、巴比倫占星術的黃道十二宮、四大（四元素）學說（地、水、火、風），並與我國傳統的二十八宿、五行說、神煞系統並存而形成《七政四餘術》。此外，一些術數中的北斗星名，不用我國傳統的星名：天樞、天璇、天璣、天權、玉衡、開陽、搖光，而是使用來自印度梵文所譯的：貪狼、巨門、祿存、文曲，廉貞、武曲、破軍等，此明顯是受到唐代從印度傳入的曆法及占星術所影響。如星命術中的《紫微斗數》及堪輿術中的《撼龍經》等文獻中，其星皆用印度譯名。及至清初《時憲曆》，置閏之法則改用西法「定氣」。清代以後的術數，又作過不少的調整。

此外，我國相術中的面相術、手相術，唐宋之際受印度相術影響頗大，至民國初年，又通過翻譯歐西、日本的相術書籍而大量吸收歐西相術的內容，形成了現代我國坊間流行的新式相術。

陰陽學——術數在古代、官方管理及外國的影響

術數在古代社會中一直扮演着一個非常重要的角色，影響層面不單只是某一階層、某一職業、某一年齡的人，而是上自帝王，下至普通百姓，從出生到死亡，不論是生活上的小事如洗髮、出行等，大事如建房、入伙、出兵等，從個人、家族以至國家，從天文、氣象、地理到人事、軍事，從民俗、學術到宗教，都離不開術數的應用。我國最晚在唐代開始，已把以上術數之學，稱作陰陽（學），行術數者稱陰陽人。（敦煌文書、斯四三二七唐《師師漫語話》：「以下說陰陽人謾語話」，此說法後來傳入日本，今日本人稱行術數者為「陰陽師」）。一直到了清末，欽天監中負責陰陽術數的官員中，以及民間術數之士，仍名陰陽生。

古代政府的中欽天監（司天監），除了負責天文、曆法、輿地之外，亦精通其他如星占、選擇、堪輿等術數，除在皇室人員及朝庭中應用外，也定期頒行日書、修定術數，使民間對於天文、日曆用事吉凶及使用其他術數時，有所依從。

我國古代政府對官方及民間陰陽學及陰陽官員，從其內容、人員的選拔、培訓、認證、考核、律法監管等，都有制度。至明清兩代，其制度更為完善、嚴格。

宋代官學之中，課程中已有陰陽學及其考試的內容。（宋徽宗崇寧三年〔一一零四年〕崇寧算學令：「諸學生習……並曆算、三式、天文書。」「諸試……三式即射覆及預占三日陰陽風雨。天文即預

定一月或一季分野災祥，並以依經備草合問為通。」

金代司天臺，從民間「草澤人」（即民間習術數人士）考試選拔：「其試之制，以《宣明曆》試推步，及《婚書》、《地理新書》試合婚、安葬，並《易》筮法，六壬課、三命、五星之術。」（《金史》卷五十一・志第三十二・選舉一）

元代為進一步加強官方陰陽學對民間的影響、管理、控制及培育，除沿襲宋代、金代在司天監掌管陰陽學及中央的官學陰陽學課程之外，更在地方上增設陰陽學課程（《元史・選舉志一》：「世祖至元二十八年夏六月始置諸路陰陽學。」）地方上也設陰陽學教授員，培育及管轄地方陰陽人。（《元史・選舉志一》：「（元仁宗）延祐初，令陰陽人依儒醫例，於路、府、州設教授員，凡陰陽人皆管轄之，而上屬於太史焉。」）自此，民間的陰陽術士（陰陽人），被納入官方的管轄之下。

至明清兩代，陰陽學制度更為完善。中央欽天監掌管陰陽學，明代地方縣設陰陽學正術，各州設陰陽學典術，各縣設陰陽學訓術。陰陽人從地方陰陽學肄業或被選拔出來後，再送到欽天監考試。（《大明會典》卷二二三：「凡天下府州縣舉到陰陽人堪任正術等官者，俱從吏部送（欽天監），考中，送回選用；不中者發回原籍為民，原保官吏治罪。」）清代大致沿用明制，凡陰陽術數之流，悉歸中央欽天監及地方陰陽官員管理、培訓、認證。至今尚有「紹興府陰陽印」、「東光縣陰陽學記」等明代銅印，及某某縣某某之清代陰陽執照等傳世。

清代欽天監漏刻科對官員要求甚為嚴格。《大清會典》「國子監」規定：「凡算學之教，設肄業生。滿洲十有二人，蒙古、漢軍各六人，於各旗官學內考取。漢十有二人，於舉人、貢監生童內考取。附學生二十四人，由欽天監選送。教以天文演算法諸書，五年學業有成，舉人引見以欽天監博士用，貢監生童以天文生補用。」學生在官學肄業、貢監生肄業或考得舉人後，經過了五年對天文、算法、陰陽學的學習，其中精通陰陽術數者，會送往漏刻科。而在欽天監供職的官員，《大清會典則例》「欽天監」規定：「本監官生三年考核一次，術業精通者，保題升用。不及者，停其升轉，再加學習。如能黽勉供職，即予開復。仍不及者，降職一等，再令學習三年，能習熟者，准予開復，仍不能者，黜退。」除定期考核以定其升用降職外，《大清律例》中對陰陽術士不準確的推斷（妄言禍福）是要治罪的。《大清律例·一七八·術七·妄言禍福》：「凡陰陽術士，不許於大小文武官員之家妄言禍福，違者杖一百。其依經推算星命卜課，不在禁限。」大小文武官員延請的陰陽術士，自然是以欽天監漏刻科官員或地方陰陽官員為主。

官方陰陽學制度也影響鄰國如朝鮮、日本、越南等地，一直到了民國時期，鄰國仍然沿用着我國的多種術數。而我國的漢族術數，在古代甚至影響遍及西夏、突厥、吐蕃、阿拉伯、印度、東南亞諸國。

術數研究

術數在我國古代社會雖然影響深遠，「是傳統中國理念中的一門科學，從傳統的陰陽、五行、九宮、八卦、河圖、洛書等觀念作大自然的研究。……傳統中國的天文學、數學、煉丹術等，要到上世紀中葉始受世界學者肯定。可是，術數還未受到應得的注意。術數在傳統中國科技史、思想史，文化史、社會史，甚至軍事史都有一定的影響。……更進一步了解術數，我們將更能了解中國歷史的全貌。」（何丙郁《術數、天文與醫學中國科技史的新視野》，香港城市大學中國文化中心。）

可是術數至今一直不受正統學界所重視，加上術家藏秘自珍，又揚言天機不可洩漏，「（術數）乃吾國科學與哲學融貫而成一種學說，數千年來傳衍嬗變，或隱或現，全賴一二有心人為之繼續維繫，賴以不絕，其中確有學術上研究之價值，非徒癡人說夢，荒誕不經之謂也。其所以至今不能在科學中成立一種地位者，實有數因。蓋古代士大夫階級目醫卜星相為九流之學，多恥道之；而發明諸大師又故為惝恍迷離之辭，以待後人探索；間有一二賢者有所發明，亦秘莫如深，既恐洩天地之秘，復恐譏為旁門左道，始終不肯公開研究，成立一有系統說明之書籍，貽之後世。故居今日而欲研究此種學術，實一極困難之事。」（民國徐樂吾《子平真詮評註》，方重審序）

現存的術數古籍，除極少數是唐、宋、元的版本外，絕大多數是明、清兩代的版本。其內容也主要是明、清兩代流行的術數，唐宋或以前的術數及其書籍，大部分均已失傳，只能從史料記載、出土文獻、敦煌遺書中稍窺一鱗半爪。

術數版本

坊間術數古籍版本，大多是晚清書坊之翻刻本及民國書賈之重排本，其中豕亥魚魯，或任意增刪，往往文意全非，以至不能卒讀。現今不論是術數愛好者，還是民俗、史學、社會、文化、版本等學術研究者，要想得一常見術數書籍的善本、原版，已經非常困難，更遑論如稿本、鈔本、孤本等珍稀版本。在文獻不足及缺乏善本的情況下，要想對術數的源流、理法、及其影響，作全面深入的研究，幾不可能。

有見及此，本叢刊編校小組經多年努力及多方協助，在海內外搜羅了二十世紀六十年代以前漢文為主的術數類善本、珍本、鈔本、孤本、稿本、批校本等數百種，精選出其中最佳版本，分別輯入兩個系列：

一、心一堂術數古籍珍本叢刊

二、心一堂術數古籍整理叢刊

前者以最新數碼（數位）技術清理、修復珍本原本的版面，更正明顯的錯訛，部分善本更以原色彩色精印，務求更勝原本。并以每百多種珍本、一百二十冊為一輯，分輯出版，以饗讀者。

後者延請、稿約有關專家、學者，以善本、珍本等作底本，參以其他版本，古籍進行審定、校勘、注釋，務求打造一最善版本，方便現代人閱讀、理解、研究等之用。

限於編校小組的水平，版本選擇及考證、文字修正、提要內容等方面，恐有疏漏及舛誤之處，懇請方家不吝指正。

心一堂術數古籍　珍本／整理　叢刊編校小組

二零零九年七月序

二零一四年九月第三次修訂

新相術
中華書局印行

中華書局廣告

新魔術

紙面洋裝一冊

定價三角五分

魔術俗稱戲法亦云幻術中法有手法彩法藥法西法中有關係光學電學數學力學者本編所載各法均得諸奏技人之口述極新奇極簡易非他本之抄撮成書者可比得此試驗無不見效無扞格不適之弊每法插以圖畫尤易明瞭

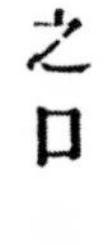

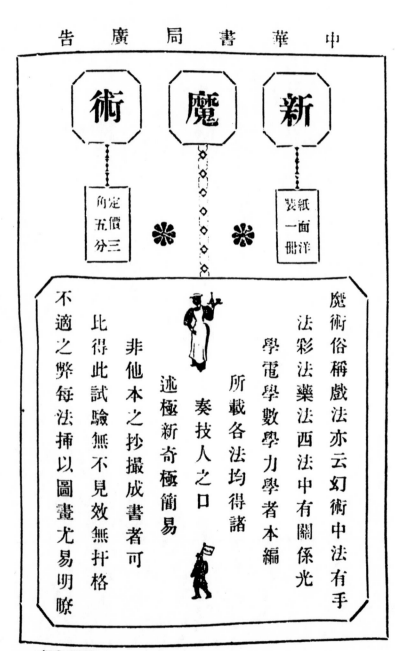

新相術序

知人則哲古以爲難憑形體言動以知人之心性行爲自昔有之孟子曰存乎人者莫良於眸子楚越椒熊虎之狀豺狼之聲懼其滅若敖氏商臣蠭目而豺聲斷之爲忍人若此者匪可枚舉顧其爲術專恃經驗初未嘗用科學方法整理之發揮之公健出示所譯美國李氏新相術受讀既竟曰此非遊戲文也殆有至理焉有妙用焉試以此法私驗之於儕輩則若者凸面而慷爽若者圓面而善交際約略可識者蓋十五六公健父信卿先生亦云然時方搜集關於青年職業指導之材料謂此書可供參考也慫臾付印惟有一語爲讀者告此書價值重在知人尤重在知己吾人既篤信教育之力可改造人之性行則憑此以知我所長而用之所短而充之有志修養之青年將於此得所藉手而不獨身任教育者可藉此以知學生個性而定其所施也已八年八月黃炎培

例言

一、本書述美國醫學博士孛拉克福女士Dr. Katherine M. H. Blackford之學說。與吾國舊有相術迥異。

一、孛氏邃於生理心理。故其說根據科學。絕非無稽之談。

一、孛氏觀察人性已有二十年之經驗。其學說已證實。

一、孛氏傳授是術。其初取費美金五十元。本書譯其講義之精華。其價值可知。

一、美國某大公司。曾以巨金聘孛氏。爲之選擇用人。結果獲利數倍其他箇人之請教於孛氏者甚多。孛氏以之每星期得千元。而各人得其指導。所入亦多倍於其初。其功效可見。

一、譯者曾按照本書。默察人之性情能力言行習慣。歷歷不爽。認爲絕非欺人。故特費些寶貴之光陰。删其繁蕪。摘其精要。冀閱者不多耗時間。而得偉大之實益。

新相術目錄

第一編　總論

第二編　側面形

第五編　陰陽性

新相術目錄終

新相術

第一編　總論

第一章　新相術之界說

新相術者。所以觀察人之形貌。而知其性情、能力、言行、習慣。非欺人。非幻術。亦非深奧難學。實乃根據於學理常識經驗者也。無論何人。皆可學而習之。且吾人於日常不知不覺之間。亦時時應用此術。其非神秘不可思議也明矣。

我國舊有相術。專談命運。致運達者因自滿而反不達。命窮者因自棄而致終窮。其誤人實非淺鮮。今新相術但論人之性情、能力、言行、習慣。不涉命運。且性情、能力、言行、習慣。亦非絕對不可改變。故新相術者。非決定人之成敗。而輔助人之成功者也。

夫知己之性情長短。有關一身之成敗。用人之是否得當。有關一事之成敗。使社會中人人能展其所長。藏其所短。則社會之發達。寧可限量。此外若教育、交際、共事、馭衆。莫不與新相術有絕大之關係。故新相術者。非評人之小藝。實有關人類之幸福者也。

第二章　新相術之原理

新相術之原理簡單易解約有三端。

一、人之形貌乃數千百年天演之結果。一方面受祖先之遺傳。一方面受環境之影響。

二、人之性情亦數千百年天演之結果。與形貌同受祖先之遺傳。同受環境之影響。

三、此數千百年天演之間。人之形貌與性情相互之影響極深。

由一二兩端觀之。可見人之形貌與性情。有間接之關係者也。由第三端觀之。可見人之形貌與性情。有直接之關係者也。

夫鹿足細長。便於疾馳。其細長之足。卽足以表示其疾馳之能。犬頸廣闊。便於齧物。其廣闊之頸。卽足以表示其齧物之能也。

動物如是。惟人亦然。寒地之人。以日光之弱。故皮色較白。熱地之人。以日光之強。故皮色較黑。此環境之影響及乎形貌者也。寒地之人。以生活艱難。故活潑能冒險。熱地之人。以生活便利。故安靜少進取。此環境之影響及乎性情者也。色白之人子女亦色白。色黑之人子女亦色黑。此形貌之遺傳也。活潑之人子女亦活潑。安靜之人子女亦安靜。此性情之遺傳也。色白之人。活潑能冒險。色黑之人。安靜少進取。此形貌與性情間接之關係也。樂則笑。哀則哭。此性情之影響形貌也。笑則愈樂。哭則愈哀。此形貌之影響性情也。凡此皆形貌與性情直接之關係也。

要之。人之形貌與性情有密切之關係。故新相術確有科學之原理存焉。彼經驗派知其結果而不問其由來。懷疑派慮其虛妄而不察其實際。此種人皆偏執私見。未足與論新相術也。

第三章　新相術之實驗

新相術。非特根據學理而已。且經反覆實驗。孛拉克福博士研究是術之時。嘗集一萬二千餘人之照像。記載其觀察之結果。與解剖學、生理學、心理學、人種學、互相證實。迨其學術傳播之後。美國各大公司工廠。多憑之以選擇工人。成績非常滿意。其中百分之九十二為超等。百分之六為優等。其不合宜者。祇百分之二而已。故孛氏謂其術已過試驗時期。信矣。

學習新相術者。固宜研究原理。記其精要。而尤不可不重實地觀察。觀察之法匪難。但須審愼周詳用常識之判斷而已。吾人觀察力雖有強弱精粗之不同。然苟能潛心學習。則無人不可增進其觀察力也。

書中所舉各種形貌及性情。皆其極端者。若其形貌不甚特異。則其性情亦較中和。觀察之始。宜先注意極端之人。較易入手。

實習觀察有二種方法。一則觀察箇人。觀其形貌。察其性情。互相證實。一則觀察團體。注意各種人之特點。譬如官僚中以何種頭形爲最多。軍隊中以何種皮色爲最多。如是練習。必易精熟。

學者實習觀察。當有自信力。第二編閱畢之後。即可實行觀察。惟須知形貌之表示性情者不止一端。若察此而遺彼。則判斷恐難準確。此由術之不精。勿疑術之不可恃也。

第四章　新相術之應用

夫人各有其特性。各有其特能。各有其特好。各有其特宜。此特性特能特好特宜。能利用之則其人優勝。反之則其人劣敗。孛拉克福博士謂若其人之職業與其性情不相宜。則既不勝任。又不愉快。以不勝任而愈不愉快。以不愉快而愈不勝任。如是循環相爲因果。

必致人事兩敗。據某統計家之調查。一千人中有七百六十四人自謂與其職業不相宜。推而計之。人才之不經濟。烏可限量。是故選擇相當之職業。乃非特對己之責任。亦對社會之責任。而欲選擇相當之職業。端賴利用其特性。此新相術之應用於擇業者也。人當幼稚時期。卽有其特殊之表現。父兄師長當留意觀察。發揮其箇性。培養其所長。補救其所短。因其性而異其教授訓練之方。俾他日長成。適用於社會。而各展其才能。此新相術之應用於教育者也。

至如交友、用人、婚姻、貿易。或關身心之損益。或關事業之盛衰。或關一生之幸福。或關百貨之銷路。就形貌以推測人之性情。無在不可應用。他若指揮統馭之道。勸導感化之方。要當因人而異。其關係新相術亦非淺鮮也。

今美國各大公司工廠。多用新相術專家。以選擇各種職工。其政府亦特聘此種人物。爲之分配海陸軍中及戰爭善後事宜之服務人員。更有所謂職業指導者。專備靑年之諮詢。凡此皆以新相術直接應用於國家社會者也。

學者之於是術。如能實習精熟。則隨地隨時皆可應用。以上所論。但略舉而已。

第二編 側面形

第一章 凸面

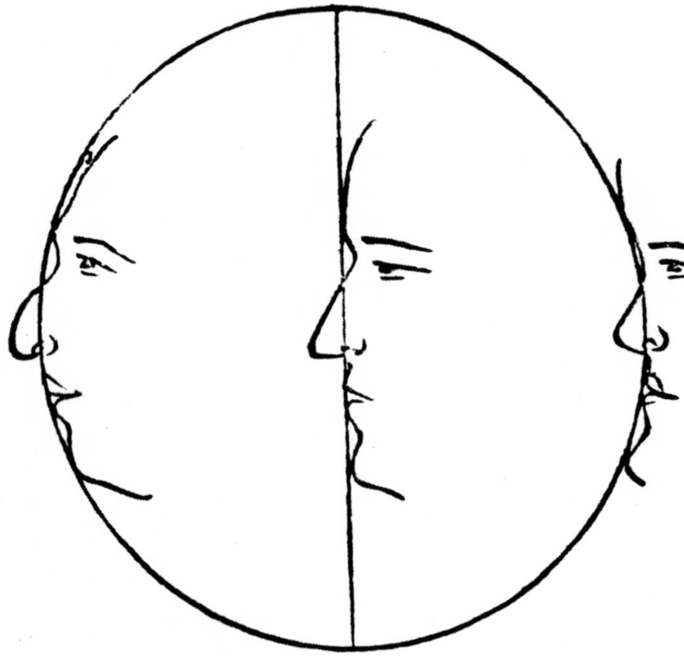

第一圖

精銳力行急性之人其額近眉之處較高。愈上愈向後傾。其目不深而顯。其鼻長而高。梁向內灣。其口顯明。脣向外。頤則向頸傾斜。約言之其側面略合圓形之外邊(第一圖)今稱之爲凸面。以<爲號見第二圖。

凸面之特性 (一)思想敏捷而不深遠。(二)但顧實際不喜理想。(三)觀察精銳。他人沈思之時彼已得其端倪。(四) 喜觀實事。空言不足以動之。(五)言語多而速。直而爽。(六)一舉一動莫不速而有力。(七)缺忍耐性。(八)易爲感情激動。(九)乏耐久力。

第二章　凹面

鎭靜從容和藹理想之人。其形適與凸面相反。其額上高而下低。其頤下顯而上凹。其目深。其鼻短而低。梁向外灣。口則內縮約言之其側面略合圓形之裏邊。(第一圖)今稱之爲凹面以)爲號。見第三圖。

凹面之特性　(一)舉動從容。大都體健。(二)有耐久力。(三)思想審愼。(四)傾向理想。(五)喜沈思幻想。(六)幻想出神之時。幾失其他之感覺。(七)窮究學理而疏忽實事。(八)寡言而得當。(九)和藹可親。不失禮貌。(十)作事不甚勇猛。(十一)有忍耐性。(十二)有決心。有時或至固執。(十三)觀察力弱。往往昧於事實。而欲用其偏僻之理想。(十四)穩健耐煩。能理細事。

第三章　平面

凸面之人。思想雖銳。而不能深謀遠慮。故適宜實行。凹面之人。作事雖能耐久。而不免延遲。故適宜思想。今有介乎其間。思想兼實行之人。既不若凸面之急性。又不若凹面之鎭靜從容。其側面形亦介乎凹凸之間。其額上下平。目不顯亦不深。鼻直而長短適中。口不內縮。亦不外向。頤亦上下平面之前部約似直線。(第一圖)今稱之爲平面。以｜爲號見

第二圖

第三圖

第四圖

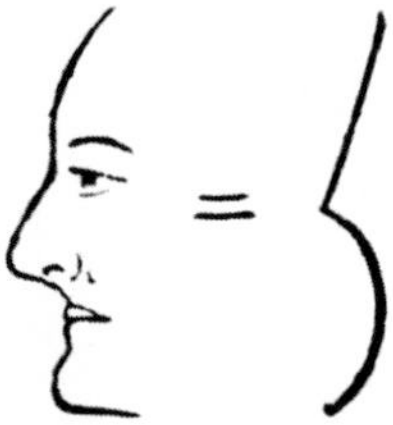

第五圖

第六圖

第四圖

平面之特性　(一)思想及舉動。既不若凸面之敏銳活潑。又不若凹面之沈潛從容。(二)性情中和。既不受急性之害。又不以因循誤事。然亦無精銳或忍耐之利。(三)能據理而下判斷。雖不慢人。亦不能忍受他人之無禮。大都平日和藹可親。偶亦激動發怒。(四)能思想亦能實行。然其行不若凸面之敏捷。其思不若凹面之深遠。

第四章　上凸下凹面

凸面之人。思想精銳。行事急切。凹面之人。思想迂緩。行事從容。平面之人。思想行事皆緩

急適中。然吾人亦見有思想精銳而行事從容之人。則其形同何若乎。曰一種凹凸混合面而已。額目鼻似凸面而口頤似凹面。今稱之爲上凸下凹面。以ʃ爲號。見第五圖。

上凸下凹面之特性　(一)思想敏捷。(二)觀察精銳。(三)喜實事實物。不喜理想空論不足以動其心。必有實據以證之。(四)善語言。較之純粹凸面。周詳有禮。(五)富元氣精力。能苦思勞行。(六)有忍耐性。(七)性情和善。舉止從容。(八)作事細心。又能克己。(九)有決心。先思後行。故決斷少誤。(十)大都身體壯健。得之父母遺傳。又以行事從容。故其力不竭。

第五章　上凹下凸面

上凸下凹面者。思想似凸面。行事似凹面。而若思想似凹面。行事似凸面。則其形亦必與上凸下凹面相反。額目鼻似凹面。而口頤似凸面。今稱之爲上凹下凸面。以ʅ爲號。見第六圖。

上凹下凸面之特性　(一)思想迂緩。涉於夢幻。不合實際。(二)觀察遲鈍。且對於事實無興味。時在夢想之中。(三)語速而敏然不必達意。(四)易於激動。每遺後悔。(五)非無智慧。然必鎮靜從容。始能有强健之記憶。合理之推論。及正當之判斷。故不患智慧淺薄。而患不能鎮靜從容。(六)精力不甚充足。惟對於力省易舉之事。尚不致怠惰。(七)思想迂緩。故不易周密。舉動急切。故易蹈輕率。(八)如能於事前熟思。則作事必能敏捷伶俐。(九)大都體弱。

第六章　側面形與職業

凹面之人。長於計畫一切。研究事之因果。又善指導部下。以其說理透切。部下非特惟命是聽。且永不忘其教訓。凸面之人。長於施行已定之計畫。又善監督部下。使各事皆合規則。尤注意於最後之成績。要之。一則最宜於事前計畫。一則最宜於按照預定之計畫以實行。

如皆為律師。則凹面者必為事主籌畫案中一切。以理論辯護。以機智勝人。凸面者必為實地之預備。以實據辯護。以精銳勝人。

如皆為製造家。則凹面者宜計畫出品。凸面者宜監督製造。

如皆為商人。則凹面者必預算出入貨物。籌畫招徠生意之法。凸面者必注意買賣機會。

以圖最厚之利。

如皆爲著作家則凹面者必發揮理想、哲學、及其他抽象之理。凸面者必編輯事實、功績、科學、及其他具體之事。

如皆爲教員則凹面者必教哲學、經濟、神學、社會學。凸面者必教科學、算術、農業、工藝、商業、外科手術。

如皆作工。則凹面者當作煩瑣細工。凸面者當作用力速成之工。

如皆運用機器。則凹面者宜於鉋牀、紡織等較緩之機。凸面者宜於錘、鋸、模印、造紙、起重等較速之機。

如皆爲負販則凹面者當零賣。以言語勸人。而尤宜於書籍、樂器、衣服、裝飾等品。凸面者當躉賣。以實物示人。而尤宜於雜貨、藥品、機械、器具等物。

如皆入軍隊。則凹面者宜籌畫戰事、管理營務、接濟餉械。或爲工兵礮兵。凸面者宜指揮兵士。實地作戰。航空騎射。陷陣衝鋒。

上凸下凹面者。如爲勞心之事。則與凸面者略同。如爲勞力之事。則較凸面者謹慎而耐久。上凹下凸面者反之。如爲勞心之事。則與凹面者略同。如爲勞力之事。則但宜於輕易伶俐之工。不能耐勞。

如皆爲負販。則上凸下凹面者最優。既有凸面者之精銳勇氣。又具凹面者之耐性禮貌。上凹下凸面者。則惟零售小巧之貨。頗能敏捷。

上凸下凹面者。亦最宜從軍。上凹下凸面者。則但宜於陣後協助一切。

第七章　側面形與交際

各種凹凸面者之性情既不同。則吾人待遇之法。亦當各異。約言之。動人之法有三。曰以事實。曰以理論。曰以諷示。

凸面之人。最喜目覩耳聞之事實。若欲勸之購物。必先示以實樣。若欲使之信服。必先論其實利。其性易於激動。故諷示亦頗有效。惟不能忍耐。故所言不可煩瑣。

凹面之人。最喜理論。又必細心考慮。方不疑惑。故欲其信從吾言。宜推論理由。惟其人思想迂緩。故與之談話。不可太急。否則反致固執。若公益之事。則必樂爲贊助。

平面之人。理論事實。皆可以動之。巧妙之諷示。亦頗有效。雖決斷不速。然不若凹面者之固執。又喜折中。既欲利己。亦願益人。

上凸下凹面者。既喜實據。又不易激動。故空論及諷示皆不足以動之。必示以確實之理由。方有效力。此種人喜自決。一切居人之上。

上凹下凸面者。雖喜理論。而其性急切。故每感情用事。諷示最足以動其心。

吾人平時交際。當知凸面之人無忍耐性。直言不諱。激烈之語。不必有意傷人。言出而心已忘矣。與之會話。宜談實事。不可過事曲折。凹面之人。雖和藹可親。然觸其忿怒。決非一時所能消。且言曲而隱。對之以謹愼爲妙。抑凸面之人。雖有時無禮。而平時活潑之態。足以悅人。凹面之人。雖平日和善。有時亦冷淡拗執。故凸面者不快。則或勃然大怒。如犬之狂吠。凹面者不快。則每退有後言。如犬吠之尾聲。

吾人作事。如居人之下。更宜知凸面者喜實效。凹面者喜理由。如受凸面者責。切勿辯論。但言此後改善可矣。受凹面者責。切勿推諉。但詳述致誤之原因可矣。

第三編　正面形

第一章　三角面

勞心之人。頭大身小。額高而廣。顎頤皆窄。其面約成一三角形（第七圖）其人體弱。骨細肉少。肩狹而斜。頭髮頗細。手足亦小。獨腦部最爲發達。斯賓塞爾、郝智爾、柏格森、叔本華、皆屬此類。

三角面之特性　（一）自幼喜求學。不喜運動。（二）大都體弱。對於飲食起居。每不留意。戶外運動太少。（三）如受高等教育。智識必然發達。（四）其傾向理想或實際。仍以側面之凹凸而定。（五）側面凹者。多研究哲學宗教。爲教員詩人。（六）側面凸者。多爲科學家。（七）如天賦較低。或所受教育不足。則多爲書記、會計、小販、打字、印刷、繪圖、照相等事。或爲學校、圖書館、博物院等處侍者。（八）如未受教育而試爲勞力之事。必致厭倦而流入邪惡。故爲之父兄者。當設法使之受相當之教育。

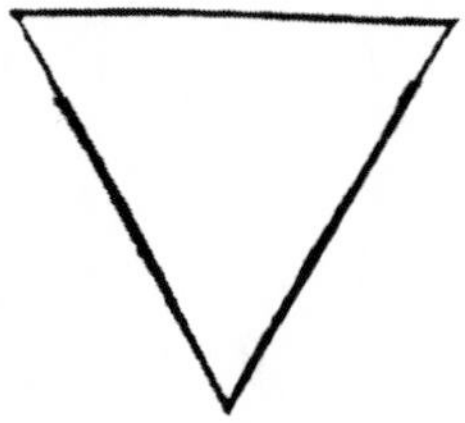

第七圖

第二章　方面

勞力之人。顎廣而顯。其面約成一方形。（第八圖）肩廣而平。手足皆大。筋骨發達。

方面之特性　（一）性活潑。好運動。喜乘獵。長於各種遊戲。（二）好機械。或發明之。或製造。之。或運用之。或修理之。(三)身體强健。最宜工作。(四)活潑好動。故不受拘束。不喜久居室內。(五)多動不靜。不能專心求學。(六)不受壓制。愛自由。解放政治宗教之專制者。多此種人。林肯其例也。

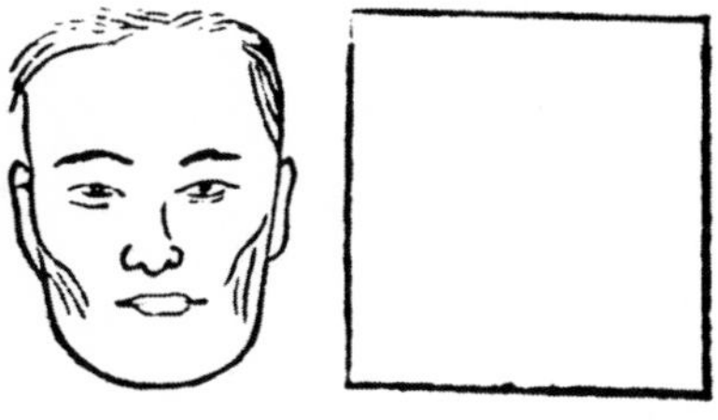

第八圖

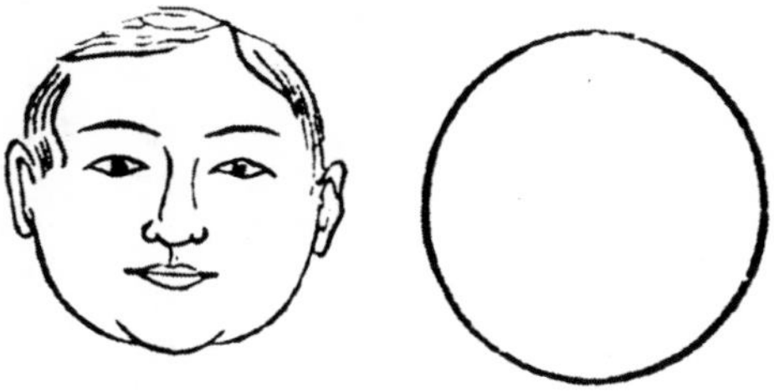

第九圖

第三章　圓面

安樂之人。頭小身大。頸粗面圓。(第九圖)全身肥胖。據生理學家言。其腸較常人長一二十尺。故消化器特別發達。營養特別豐厚。

圓面之特性　(一)評論價值。極爲得當。判斷亦公平。(二)善交際。茶樓、酒肆。以及各種宴會、俱樂部中。最多此種人物。(三)有政治思想。既善交際。易於政治界中占優勢。(四)有經濟思想。公司、銀行中之會計、買辦。以及各種專爲投機事業者。除此種人外。不可多覯。(五)有縱慾之傾向。若不自制。每以元氣衰弱。反致身肥過度。非特思想遲鈍。行動不便。且縮短生命。

第四章　三角兼方面

勞力兼勞心之人。額廣如勞心者。而顎闊如勞力者。故其面兼四方三角二形。(第十圖)既有文雅之容貌。又有發達之筋骨。蓋勞力者而具活潑之頭腦。愛迭生其例也。此種人多發明機器。或爲各種工程師。或著作實業之書。或教授農業工藝。又愛自由。每以演說或著作鼓勵他人之自由觀念。此種人身體須多運動。否則易致疾病。對於金錢頗冷淡。且不善管理。

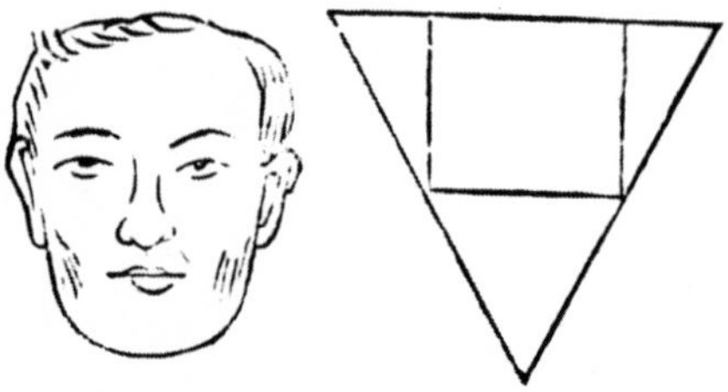
第十圖

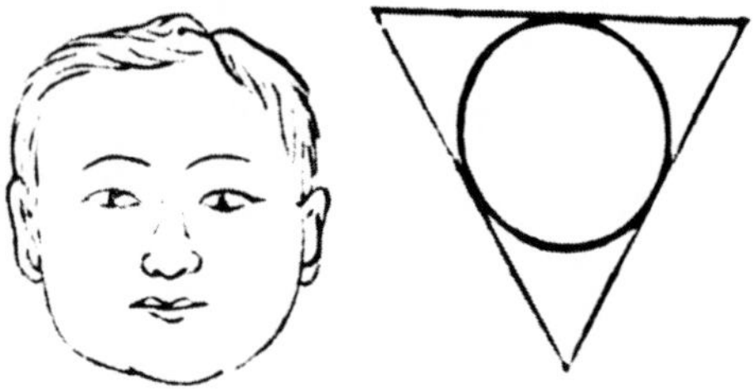
第十一圖

第五章　三角兼圓面

勞心而安樂之人。乃勞心人之肥者也。其面亦三角而兼圓。見第十一圖。

此種人較之純粹圓面。腦力更爲發達。多爲資本家、銀行家。及政治實業各界領袖。亦善爲裁判官。其性勇敢、愉快、自信、鎮靜。易爲他人敬信。塔虎脫其例也。

第六章　方兼圓面

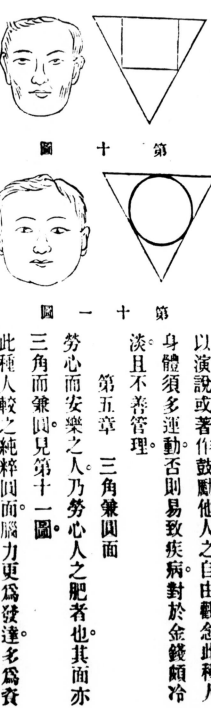

勞力而安樂之人。乃勞力人之肥者也。驟觀之。與純粹圓面之人略同。惟其頸較廣。面實兼方圓二形。見第十二圖。

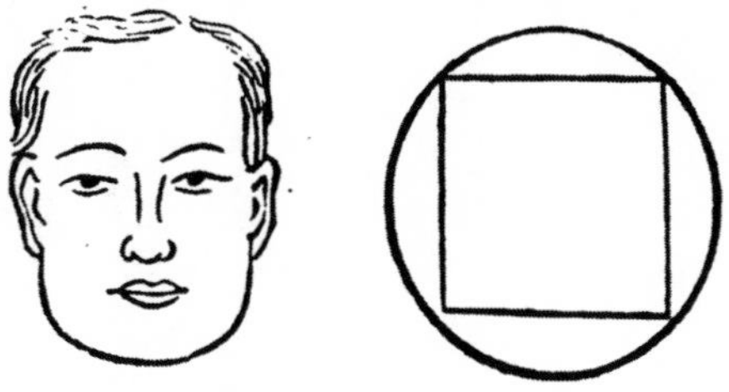

第十二圖

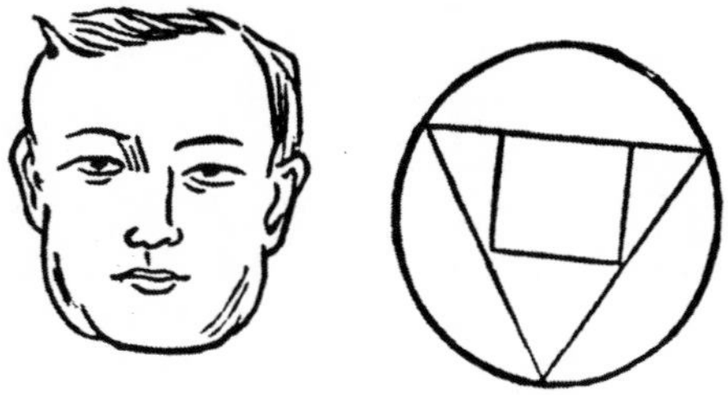

第十三圖

此種人多爲勞力者之領袖。如鐵路上之職員。工廠中之監督、軍隊中之將校。皆是。歐戰中之霞飛、費蘭巨與登堡等名將。莫不屬此。

第七章　複雜面

複雜面者。兼三種面形。(第十三圖)額廣頸闊。頰豐頸粗。腦部及筋骨皆頗發達。肌肉亦肥滿。此種人富思想。喜活動。又有政治經濟興味。可稱完人。蓋修養適當。一端不忽也。有名人物。如華盛頓。拿破崙。格林威爾。富蘭克林。羅斯福。爹耶士。卡匿奇。摩爾根。勞約喬治。克勒孟沙。皆屬此類。

第八章　正面形與職業

約言之。三角面宜爲勞心之事。方面宜爲勞力之事。圓面宜爲管理之事。三角兼方面宜

爲發明及工程之事三角兼圓面宜爲用腦管理之事方面兼圓面宜爲勞力者之監督複雜面宜爲各界首領今更分類列舉如左

三角面　教育法律哲學科學神學醫學音樂美術牧師統計著作新聞記者會計書記速記圖畫雕刻校對等。

方面　農業森林製造建築路鑛運輸航海漁獵探險運動陸軍海軍等。

圓面　商業政治銀行旅館茶樓酒肆餐館及製造或買賣食品等。

三角兼方面　發明機器各種工程科學農業建築美術機器製造工藝著作軍事記錄外科手術法律戲劇新聞記者買賣機械用品等。

三角兼圓面　財政司法商業政治演說等。

方兼圓面　監督各種勞力之事如農業建築探險工程漁獵製造開鑛運輸陸軍海軍等。

複雜面　思想、經濟、實業、政治、各界大小領袖。

第九章　正面形與交際

前編曾言動人之法有三。曰事實。曰理論。曰諷示。然苟不足引起其人之興味。則其法究屬無效。是故應用三法之前。必先鼓舞其興味

三角面者。終日在思想之中。故與之會話。宜談論教育、文學、美術、音樂、科學、哲學、等事。若欲勸說。亦須於思想智識方面着手。以喚起其興趣。更當留意其人之側面。以定注重事實或理想。

方面者喜活動。與之應酬。莫妙於乘馬、泛舟、球戲、等戶外運動。談論時亦宜述最新發明之機器。以及運動用具方法等事。自由二字。最足以動其心。

圓面者對於飲食、煙酒、地土、房屋、等最有興味。有精銳之經濟思想。故利字最足以動其心。然對於他人事業頗爲冷淡。非使之經理其事。雖與合股與之應酬。宜以飲食其人誘諸活潑喜談政治經濟飲食產業。

第四編　髮膚肌肉

第一章　細髮纖膚

文雅柔弱之人。髮細似絲。不捲而直。不聳而順。其膚光滑。皺紋極微。皮薄。額角及手上靜

腑顯然易見鼻及面上毛孔甚小幾不可辨大致似嬰孩身材短小腕踝皆細

細髮纖膚之特性　(一)衣服清雅(二)聲尖而語輕緩不狂笑(三)態度安詳(四)朋友亦文雅柔弱(五)感覺銳敏對於粗陋之事尤甚(六)辨別精細極易爲人觸犯(七)娛樂之事種類多而性質高尚(八)感覺銳敏故遭罹困難時較常人尤爲痛苦(九)厭忌醜惡(十)不適宜於辛苦之事然決心堅固時亦能忍受(十一)極易感覺而反應一語刺激已足喚起其注意不必大聲疾呼(十二)重質不重量與其一噸鐵寧得一兩金(十三)愛美術(十四)過於苛求平日與其粗食寧自受飢必要之時始能忍受(十五)思想精緻(十六)多文雅之意興

第二章　粗髮糙膚

雄偉粗鄙之人髮粗而剛或直或屈或聳立或茂盛膚糙皮厚毛孔較大皺紋明顯身材高大手足亦巨

粗髮糙膚之特性　(一)衣服粗率雖不必鄙俗然必堅重(二)聲大而粗(三)舉止爽率(四)伴侶亦雄偉粗鄙(五)感覺遲鈍往往爲人所厭而不覺(六)猛健耐苦(七)亦

有美感。惟其文學、美術、音樂、多稱揚勇力(八)不易反應欲使注意非深色不足動其目。非大聲直言不足動其聽(九)注重事物之力量功用(十)喜爲粗笨之事(十一)以其、能解工人之感情。多提倡改良社會者。社會黨、無政府黨、過激派、最多此種人。

第三章　堅硬肌肉

刻苦、無情、猛進、節儉之人肌肉堅硬。辨別之法可於握手時驗之。如緊握時其手若不覺者。則肌肉大都堅硬。肥胖之人亦有肌肉堅硬者。

堅硬肌肉之特性　(一)意見偏狹。(二)不易以語言感動。(三)卽誠實公平者。亦乏同情。(四)其仁慈之舉。亦本其公正心或義務心。非出之感情。(五)堅忍剛愎。其自信力强。故多成見。其所定行事之計畫。不輕更變。若經更變則又執定其後來之方法。(六)能刻苦自勵。(七)作事猛進。傷人感情。在所不顧。(八)頗節儉。不肯輕拔一毛。(九)喜耐久、有用、簡單、經濟之事物。(十)喜堅硬之物。(十一)自律律人。皆務嚴厲。

第四章　韌勁肌肉

能伸能縮易變之人。肌肉韌勁而富彈力。握手之時。其肉內陷。而放手後立卽復原。美國最多此種人。

韌勁肌肉之特性　(一)作事頗有精力。惟不若硬肉者之猛進無情。(二)聰慧機敏。(三)喜進步日新。善更變。然其更變出於自動。非出於被動。(四)頗有同情。且表見於事實。與濫於泣哭、感情用事者不同。(五)頗大度。然不浪費。(六)紀律寬嚴不一。然不苛暴刻薄。(七)雖喜舒暢便利。絕不懶惰。(八)爲人謹肅。如待之得當。必忠直服從。然無奴性。

第五章　柔軟肌肉

怠惰、奢侈、易於感動之人。肌肉柔軟。緊握其手。其肉若將於指間流出。

柔軟肌肉之特性　(一)精力不足。勞心勞力皆不耐久。(二)天性怠惰。言多行少。(三)慧黠。乖巧。言語反覆。善阿諛奉承。(四)善得人之同情。每倚賴他人爲寄生動物。(五)不能耐苦。但能爲不費心力之事。不能與人反對。(六)感情極易鼓動。(七)奢侈縱慾。(八)雖有感情。不能持久。且不爲實事。見不幸之人。能哭而不能助也。

第六章　髮膚肌肉與職業

細髮纖膚之人。不論面之凹凸方圓。肌肉之軟硬。作事必呈雅致之態。方有興會。其寫字者必精美之物。方稱其性情。故珠寶肆中多此種人。粗髮糙膚之人反之。鐵廠中最多。此二種人之駕馭法亦異。文雅之人宜用輕言婉語。雄偉之人宜用大聲直言。而亦惟文雅之人。多輕言婉語。雄偉之人。多大聲直言。故惟與其部下同類者。宜為其部下之領袖。

硬肉之人。作事喜從不變之成法。遇有困難。寧竭全力以排除之。不願更改。試觀與登堡之戰略。即可瞭然。此種人宜習法律、銀行、工程、及製造或買賣簡單堅硬之物

韌肉之人。有變通之才。作事能以環境而改變。觀乎福煦之戰略。可知此種人幾無業不宜。

軟肉之人。宜經手柔軟之物。如絲綢絨毛煙草及細巧飲食等品。演說書畫戲劇等事。亦頗擅長。惟無一定主見。其所任職業。不宜於有需決斷之地位。政治法律。絕對不宜。

第七章　髮膚肌肉與交際

第二編曾言動人有事實理論諷示三法。第三編曾言動人須先喚起其特殊之興味。今更由各人特殊之好惡而論交際之法。

編中曾言文雅雄偉之人。皆樂與同類為友。吾人與之交接。雖不能改變髮膚。然言語舉

止之間亦大有關係也

細髮纖膚之人喜安詳之態度溫和之聲音文雅之言語精緻之意想優美之物質細巧之計畫高超之美術粗髮糙膚之人喜爽率之態度高大之聲音簡直之言語强烈之意想重大之物量平易之方法廣大之功用與之交接者當於此留意

肉硬之人固執己見難以語言感動故最妙之法在使之自信吾言爲合其意見談話之時當注重經濟功用成法耐久簡單諸端更尊重其意見而示以所說實與彼見相同庶幾有效若與之辯論必不能服其心

肉韌之人宜以時勢應用說之

肉軟之人極易爲語言所動然不頃刻間卽置之不顧故當設法監督之使其心不變若勸之實行一事當示以事之易爲

譬如售一汽車若主雇係硬肉當示以車之用油節省能耐久用有利事業登山便利若主雇係韌肉當示以車之應用範圍廣大馬達適用速率非常若主雇係軟肉當示以車之坐墊安適駕駛便利外觀美麗

如辦事在粗髮糙膚者之部下。不可過事細巧。應注重出品之數量。切不可大驚小怪。動以爲忤己。蓋其率直之處。非有意觸犯也。

如辦事在細髮纖膚者之部下。則容貌宜整潔。舉止宜文雅。言語宜溫和。作事宜精緻。一切佈置。皆宜雅靜美觀。

如辦事在硬肉者之部下。宜節儉服從。切不可美衣華服。稍涉虛夸。如有所請。萬不宜於感情憐憫方面哀求。試觀左列故事。卽可瞭然。

某甲辦事於某乙之下。乙乃純粹硬肉之人。甲每星期薪金五十元。不敷支用。且自信應當加俸。乃數請於某乙。述家用浩大。老母弱妹。無人贍養。以求其同情。然乙終不許。一日總理派下私嬖一人。置甲部中。每星期得薪二十五元。其實該部不需此人。然以總理派下。某乙亦無可如何。甲乃乘機謂乙曰。『予部中實不需某人。想君意亦然』乙曰。『誠然。惟無法以去之耳。』甲曰。『予有一計。予能兼此人之職。且辦事必較得力。今願言於總理。請兼其職而領其俸。總理詢君之時。務懇相助』後其事卒成。蓋乙雖無情。而心不直總理之私嬖。故願以二十五元與甲而去之也。

如辦事在韌肉者之部下。最宜活潑精敏。

軟肉之人居人上者極少。其人易於變動。今日信任此人。明日信任彼人。易致部下沮喪。在其部下者宜使之安適。辦事上多方協助。則彼自覺此人爲不可少。然不可過於自專。否則必爲讒言所中。亦非利也。

第五編　陰陽性

第一章　陽性

陽性之人不必爲男。男人之性不必爲陽。蓋多數之人。皆陰陽混合性。特其比例有不同耳。

陽性之人。頭顱略覺高低不平。近耳之處較闊。眉粗而顯。肩廣而平。胸大而突。腰與股齊。腹部扁平。體短於腿。腿長而直。踝骨顯。手足大。皮色淺。側面上凸下凹。正面方兼三角。身材高大。髮粗膚糙。肌肉堅硬。

陽性之特點　(一)側面上凸下凹。故思想精銳。行事從容。有決心。能堅持。(二)正面方形。故愛獨立自由。又喜運動。(三)膚髮粗糙。故氣健耐苦。感覺遲鈍。(四)肌肉堅硬。故剛愎無情性固執而能節儉(五)注重實際(六)有自動力(七)感情不易激動動後較陰性者強烈耐久(八)好與人討論互攄意見(九)或放蕩有賭博嫖酒等之嗜好(十)意志堅決積極活潑(十一)好勝(十二)壯健嚴厲(十三)專制

第二章　陰性

陰性之人側面上凹下凸正面圓兼三角。膚髮細纖肌肉柔軟。頭顱平坦略帶狹長肩窄而斜背灣曲胸平狹身材短小腰細股大腹圓體較腿長腿向膝斜踝纖骨細皮色深手足小。

陰性之特點　(一)側面上凹下凸故思想遲鈍不合實際舉動率性精力不足(二)無決心勇氣及自制力(三)喜理想不好活動善管理保藏(四)髮膚纖細故感覺銳敏愛文雅美術(五)肌肉柔軟故感情易動信仰不堅(六)解決事理多用良知不由理論(七)善摹倣不善創造其智力爲吸收的爲被動的(八)易感動故易反應(九)喜觀察人之性情(十)愛美觀服飾多奢華(十一)意志不堅消極被動(十二)謙遜順服尚實行無抵抗主義者也。

第三章　陰陽性對照表

第一表　身體上之比較

	陽性	陰性
頭	兩旁較大	頂及後部較大
顱	略覺高低不平	平坦
眉	深而顯	淺而淡
肩	廣而平	狹而斜
脊柱	正直	灣曲
胸	大而突	窄而平
腰	粗	細
背	平直	中凹
腹	扁平	圓大
腿	長而直	短　漸向內斜而至膝

大腿	圓柱形	圓錐形
踝	大	小
骨節	大　堅硬	小　柔韌
手	大	小
足	大	小
皮色	淺	深
側面	上凸下凹	上凹下凸
身材	高大	短小
正面	方	圓
髮膚	粗糙	纖細
肌肉	堅硬	柔軟

第二表　性情上之比較

陽性	陰性

積極	消極
自動	被動
不易反應	易於反應
多熱望	能忍耐
壯健	柔弱
自治克己	感情易動
活潑	不活潑
力	美
獨立	倚賴
發動	靜止
不信宗教	信仰宗教
不易爲言語所動	易爲言語所動
愛實際	愛美術

老成	稚氣
粗暴	溫和
實心任事	感情用事
愼重	輕易
機械的	修飾的
發明創造	經營繁瑣
自出心裁	善於摹倣
善孳生新利益	善整理舊事物
利用機會	保守固有
勇	怯
猛烈	耐久
不屈	屈服
忽奮忽怠	有恆

用直接法	用間接法
好指揮	善感化
重眞理	重愛情
有野心	有願望
好威權	多戀愛
營其抽象普通者	營其單獨箇人者

第四章　陽性者之職業

「婦女職務在家中」之成語。已爲歐戰之砲彈所打破。夫男子既多赴疆場。官署、工廠、公司、農家以及鐵路等處。自不得不用婦女。而婦女之成績。亦不下於男子。蓋職業本不當以男女分別。而不論男女。皆當視其性情。而定其職業也。

陽性之人。當爲積極自動實際耐勞之事。故頗宜於探險、建築、航海、戰鬪、及創造各種新事業。

純粹陽性之人。積極猛進。故多能自覓適宜之職業。若兼有陰性之人。每謹愼畏縮。受他人或境遇之限制。不能自拔於不適宜之事務。此種人應知遇事不可自餒。當立定決心。積極進取。

陽性之婦女。不當但管家政。爲其父兄丈夫者。宜體察及此。

第五章　陰性者之職業

歐戰之時。美國工廠之人。有倡招女工之說者。羣以爲婦女不善使用機器而反對之。其後試之結果。殊出衆人意料之外。蓋婦女善摹倣且具上凹下凸之側面。故學習之後敏捷伶俐。異乎尋常。

陰性之人。宜於戶內作事。受規定之支配。循例行事。如管理經濟。招待主雇。佈置陳設。皆其所長也。

陰性之男子。萬不宜爲陽性者之事業。當知陰性並非可恥。且有較陽性優良之處。故與其假裝鹵莽暴躁。不如培養其文雅溫和之本性。而爲陰性者之職業。則其成效必有足多者矣。

第六章　陰陽性與交際

有一文雅之男子。求售一洗衣機與某婦。某婦問其機器之價值能力。男子不即答覆。而談論瑣屑無關係之事。多端稱讚某婦家中佈置之得宜。詳述機器構造之細巧。某婦不耐。卒未購其機。蓋該男子以為與婦女交接。皆當婉言讚美。而不知某婦乃陽性之人也。

陽性之人。好實際實效。故欲勸之購物。必先示以實物。而授以用法。當以理論動之。不可以感情動之。又以其性好勝。喜自決一切。故直接諷示必無效力。與之交接。當以戶外遊戲消遣。對於此等人所營物質之事業。事業之勝利。及所發揮之政見。宜助其興味。其人對於婦女老弱之無助者。必樂為保護。

陰性之人。有同情。愛美術。善摹倣。好虛榮。當以感情動之。諷示亦頗有效。事實則在其次。與之交接。宜讚美誇獎之。互相信託。并示以愛護之意。其人談話之時。最喜評人品性。若辦事居陽性者之下。宜服從命令。注意實效。欲擢升加俸。當示以實際上之利益。若居陰性者之下。宜清潔整齊。預計其所需要。欲擢升加俸。當示以忠直愛慕之心。而動其感情。

婚姻有增加人之幸福者亦有使人憂愁不樂者不如意之婚姻多由於青年男女之乏辨別力既不相知又不自知惑於一時之情致遺無窮之悔多數青年不知一己之性情更不知其匹偶應具何種之性情其意想中之人物皆空泛虛誕毫不明確凸面之男子多悅精銳敏捷之女子以爲與己有同情焉不知精銳敏捷之人性情急切不能忍耐夫以二人而同病暴躁其何以相容乎更有見凹面女而悅之者以爲其人必温順可愛不知凹面之人性情迂緩不合實際急性之人烏能與之相處要之極端之人不論性情之相同或相反皆不宜互相配偶而當擇性情較爲中和之人最適宜者二人意想好惡相同而各有特殊之長以互相協助如一端莊而一快樂一大度而一節儉一勇敢而一謹愼能如是則伉儷間之幸福必無量矣欲達此目的最宜注意者有三端曰自知一己之性情曰知匹偶應具何種之性情曰觀察意中人之性情

第六編　人種及頭顱

第一章　白種之四大支

人種有純粹混雜之分故辨別頗非易易然人種與性情之關係頗非淺鮮觀察之法要

當視其頭顱

世界人種繁複。本編但論白種。然既得其方法之後。其他各種。亦易於觀察矣。

欲知人種與性情之關係。當先稍知人種之沿革。白種之源。大約出於歐洲西北部。分佈於不列顛島、歐洲大陸、及小亞細亞、埃及、印度等處。其後歐洲為亞細亞人蹂躪。與白種通婚。而有所謂阿爾卑種。其白人之在地中海沿岸者。謂之地中海種。在西北部發祥之地者。謂之腦狄種。此數種更相混合。遂有今之四大支。四大支者。盎格羅撒克遜、條頓、拉丁、斯拉夫是也。約言之。盎格羅撒克遜種。為腦狄種與地中海種之混合。條頓種為腦狄種與阿耳卑種之混合。拉丁種為地中海種、阿耳卑種、及幾分腦狄種之混合。斯拉夫種為腦狄種、阿耳卑種、及其他亞細亞種之混合。

以上乃舉其大者而言之。其實各種混雜。尚多不能細述。然各種之示要形狀。及其重要之性質。皆有特殊之處。惟斯拉夫種混雜太甚。故本編但論盎格羅撒克遜、條頓、拉丁三種。然頭形與性情之關係。各種皆無異也。

觀察人種之時。不可拘於臉部。當知各種皆非純粹。而各人亦各有其特性。[illegible]

現於外者。人種而外。尙有多端。不可重其一而忽其他也。

第二章　盎格羅撒克遜種

盎格羅撒克遜種爲腦狄種與地中海種之混合。腦狄種人頭高長而微闊。地中海種頭高長而狹。故盎格羅撒克遜種人之頭。高長而微闊或高長而狹。見第十四圖至第十六圖。

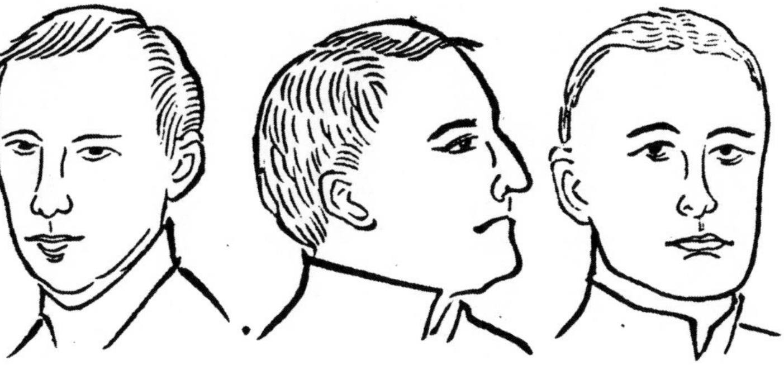

第十四圖（高而微闊）　第十五圖（高而長）　第十六圖（高而狹）

高頭之特性　（一）有志願熱望。故科學、探險、發明、殖民。皆佔優勢。平均爲教育程度最高之人種。多能自拔於困難之境遇。而成獨立高等之人物。（二）有高尙之想像。故能造模範之民治國家。（三）能自治。故守法律重道德。鎭靜、勇敢而機敏。（四）抱樂觀。故敢任大事。有不屈不撓之精神。（五）有同情。故對於貧病之人。樂爲養贍。且頗優待。（六）公平正直。最惡欺騙壓制。（七）自尊自重。最有信用。

第十七圖
(耳後短)

第十八圖
(高而闊)

第十九圖
(高而長)

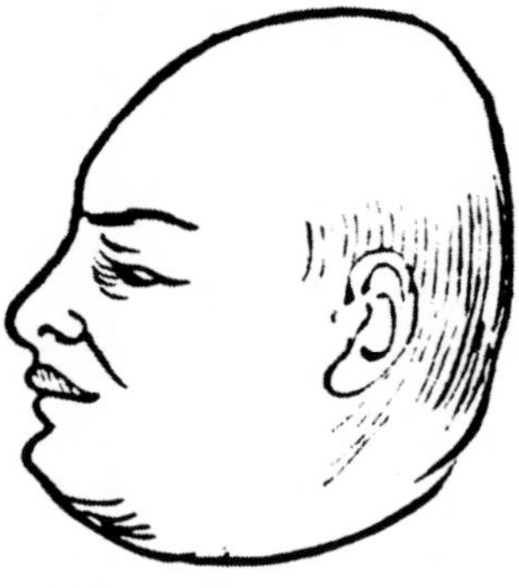

第二十圖
(前低後高)

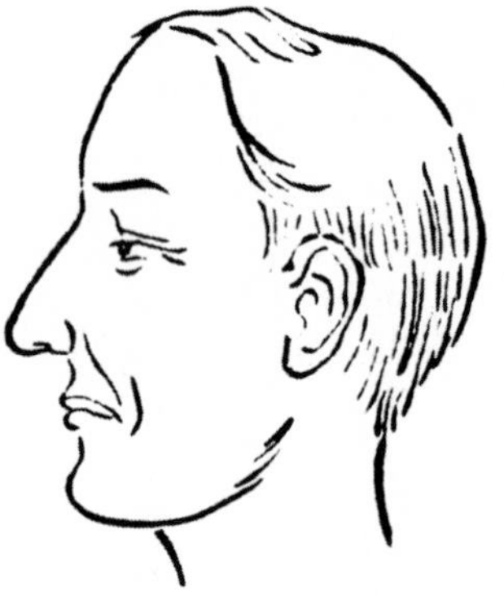

第二十一圖
(前高後低)

長頭之特性　(一)智力發達。關於科學、發明、建設等方面而尤著。(二)重人道。故愛家庭親友。每發起慈善事業。(三)愛動植物。

微闊之頭之特性　(一)有精力。故此種人足跡殆遍全球。(二)有商業思想。故此種人商務最爲發達。(三)有勇氣。故此種人能開拓澳洲、南非、北美等處。

狹頭之特性　(一)温順

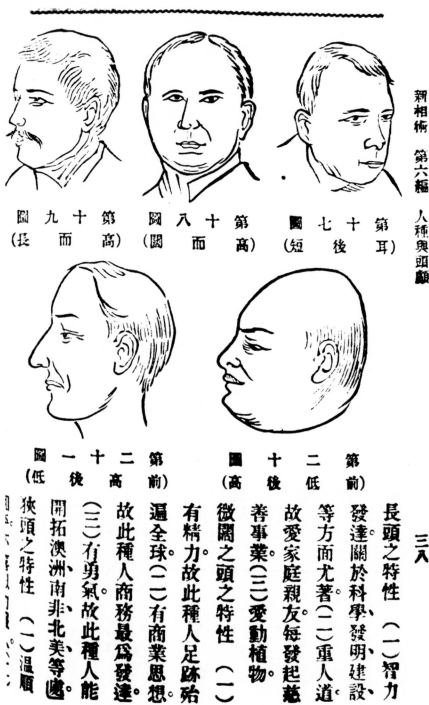

堅持不屈。故雖愛和平。既戰之後。不肯輕讓。觀於威爾遜之遲遲不戰。與其戰後之堅持到底。可知狹頭特性之一斑。(三)不甚周到。故作事每少預備而不得力。(四)略帶輕浮。故作事每疏忽糊塗。

第三章　拉丁種

拉丁種爲地中海種與阿耳卑種之混合。地中海種頭高長而狹。阿耳卑種頭低短而闊。故拉丁種人之頭形有三。曰高長而闊。曰高長而狹。曰低短而闊。

高頭長頭狹頭之特性。已見前章。

低頭之人。乏高大之志願。道德程度較低。名譽心公正心亦較弱。同情樂觀較少。而猜疑較甚。

短頭之人。智力較遜。善摹倣。不善創作。頗機巧。自治力較弱。感情易於激動。對於家族戚友及動植物。不甚親愛。

闊頭之人。富有精力。作事周到。有決心。能破壞。好用武力以去阻礙。

拉丁種人。低短而闊之頭居少數。高長而闊之頭較多。其頭之高長而狹者。性情與品格羅撒克遜種人之頭形同者略同。性不好探險、工業、商務。而好文學、美術、科學。拉丁種之闊頭者。富有精力、好商業、能戰鬥。善守而不喜攻。此種人較有恆而善保守。不喜變更。法國人之尊重平等、自由、博愛、民權。表見於高頭。其親人愛物。表見於長頭。其國民頗勤儉。文學美術方面。皆居極高之位置。惟深於情愛。文雅、快樂。故或以為輕浮。然歐戰之時。其恆性、專心、鎮靜、勇敢、勤勞、堅忍。為全球所欽佩。

西班牙、意大利、葡萄牙、及其他拉丁人種。大致與法國人略同。

拉丁種人之道德信條。與盎格羅撒克遜種略異。重習慣而喜報復。

第四章　條頓種

日耳曼人為條頓種中最重要之分子。而普魯士人又可為日耳曼人之代表。本章但論純粹普魯士人。此外條頓種人之以通婚或環境而形性與之不同者。尚不少也。

普魯士人之頭。極隱。前低後高。(第二十圖)耳前長而耳後短。(第十七圖)故頭之後部極平。

前低之頭之特性　(一)無同情。極殘暴。好破壞。觀乎歐戰中之德國人可知。(二)乏創造之能力。故近世各國新發明。罕源於德國。德國以前有創造力之文學家音樂家如高特等。其頭形皆屬腦狄種。(三)善摹倣。故利用他人之發明而應用於各物。(四)不能信任他人。

後高之頭之特性　(一)好威權。多專制。大則爲一國之暴君。小則爲一家之霸主。(二)無名譽心。公正心之裁制。故堅持私見。不顧其他。

耳後短之頭之特性　(一)不顧他人。故德國在歐戰中。內則不顧民力。外則虐待婦孺。(二)鄙野醜陋。行路之時。婦女老者。每被擁擠。(三)不解人性。德國外交上之失敗。即由於此。

極闊之頭之特性　(一)凶暴殘忍。(二)富精力。有决心。如其頭前後皆高。耳前耳後皆長。能成大事。(三)否則祇能破壞而已。

耳前長之頭之特性　(一)智力精銳。能精通科學而應用之。(二)對於算術音樂。極爲精熟。能爲精細之計畫。敏捷之實行。(三)見地不廣。喜用機巧。(四)謹慎細心。預備周到。

第五章　頭形與職業

各人種現多雜居而美國尤甚此等地點可以人種爲選定職業之一端然人種亦多混雜不如以頭形爲憑

頭高之人擇業宜愼必須有擢升之機會者方能滿意不若低頭之人能年年永作一事而不倦也故用人者當以高頭之人任有望擢升之職則必能盡職惟高頭而才拙之人頗難處置此種人每喜爲力不能爲之事不可不注意焉

高頭之人又有高尙之意志故擇業不但爲謀生計又必有益於國家社會惟前低後高之頭之人並無精神上之意想徒有野心而已

若頭之前後皆高而他方面亦不惡則其人樂觀自信不屈不撓能成大事爲領袖試觀全球政治宗教實業各界之大人物其頭莫不前後皆高若頭之前高而後低或他方面有缺點者其人雖有大志而缺乏堅忍勇敢之心難以成功蓋頭高之人須前後皆高又不可太短太狹顎頤及鼻當大肌肉宜韌寧稍硬而不可太柔如此則必能成大事矣

長頭之人最善交際政治法律商務著作醫生新聞記者等業皆頗適宜此種人萬不宜斷絕交際孤獨作事據作者所知有名之政治家無一非長頭也

闊頭之人。宜爲堅決、周到、用力之事。如其事但需骨肉之力。則闊頭而低者可矣。若其人須有高尙之意想。則必闊頭而高者始可。若其事但須堅忍猛進。可不顧他人或危險者。則闊頭而耳後短者可矣。若其人須有各方面之才能。而居首領之地位。則非闊頭之高而長者不可。

狹頭之人。當爲溫順、和平、機智之事。如其頭狹且高而長者。可爲律師、教員、牧師、醫生、商人、著作家、工程師、政治家、新聞記者等。此外若美術家、圖樣家、理髮匠、書記、會計、速記、機師、侍者、廚夫等。亦多狹頭之人。

短頭之人。卽頭之耳後短者。其詳細職務。當以他方面之表見而定。惟無論如何。此種人不宜爲與人多所交接之事。

第六章　頭形與交際

高頭之人。有高大之願望。如其前高。則有高尙之意想。樂觀、仁愛、能信任可靠之人。如其前低而其後高。則無仁慈之念。但有野心。好威權。且固執私見。頗難感化。

如其頭後高而頤外突。則其人更爲堅持。試觀威爾遜。雖頭狹而溫和。雖頭之前高而仁愛。然其頭後部亦甚高且其頤向外突。自頤至頭之後頂。距離極長故固執己之所信。不懼反對不屈不撓讀者如知其經歷。卽可瞭然蓋此種人雖頭狹而溫和可以理喩不可以力强。極宜注意。

長頭之人。最愛家庭親友。與之交接者。當於此留意。

闊頭之人。喜物質武力。可以貨利動之。若用强迫手段。必力强於彼始可。羅斯福曰「如欲擊人。不可輕擊。必用全力以擊之」

低頭之人，無高尚思想。但知物質上之利益。如其頭狹而後低。可强迫之。如其頭前高則無己見。服從命令。寧聽人言。不能自決。

頭低而狹之人。無理財之才。不能勤勞謀生。必有以激刺鼓勵之。作者曾見此種人不少。以其有賢妻策進。所成就頗出意外。

與短頭之人交接。不可以友誼動之。此種人亦有爲慈善事業者。然所爲爲人類全體。不爲一二個人。且亦有極自私自利者。

與各種人應酬。當注意其好惡。高頭之人。喜文藝之遊戲。聽名人演講。及談論思想、智識精神、方面各事。長頭之人。最善社交。與同類之人應酬。幾於無地不宜。闊頭之人。喜運動遊戲。與之談話。當論戰事、遊戲、及其他實際之事。狹頭之人。喜幽雅適意。短頭之人。不喜箇人密切之交際。而樂衆人普及之應酬。

第七編　皮色

第一章　人種與皮色

自有人類以來。卽分二種。其一好動、熱心、奮勉、拓殖。其一安靜、細心、保守、家居。其一爲先鋒。爲覓路者。其一爲後盾。爲造路者。其一善創始。其一善製作。其一好交際。其一好獨居。其一進取。其一保守。其一多侵略主義。其一多民治思想。其一愛自由。其一愛平等。由歷史上觀之。以上二種性情之別。乃人種之異。大都白種人好動、奮勉、進取。其他各種安靜、細心、保守。

腦狄種最先侵略各處。建國於印度、波斯、埃及、希臘、羅馬。其後哥德、文大耳、日耳曼、各族南下。蹂躪法蘭西、西班牙、意大利、希臘。並發見美洲。統制紅人。最近英法二國之白人。樹立現今北美之文明。計白種人已佔地面五分之四。統治人類三分之二。

白種人既於政治、探險、發明及物質文明、各方面爲各種之先進。而其他各種，實於語言、文字、美術、音樂、文學、哲學、宗教各方面爲白人之師範。現今白人所用語言文字，幾無一非屬阿利安派乃腦狄種自古得之亞洲者。美術則源於有史以前深皮色人洞中牆上之圖畫雕刻。今之音樂亦有史以前蠻音之變相而已。文學乃始於埃及，在西曆紀元前數千年。哲學則希臘之前，印度埃及早已有之。今之五大宗教，亦皆出於深皮色人。孔教出於中華，耶教出於猶太，回教出於阿拉伯，佛教、印度教，皆出於印度。

雖然人種已多混雜。現今世界各種，每種之中，皮色亦有深淺之分。故觀人之時，皮色實較人種爲重要也。

第二章　淺色

純粹淺色之人。髮黃，目藍，皮膚潔白或帶淡紅，身材高大，肩廣，頭顱高長而微闊，側而凸。或上凸下凹。

淺色之特性　（一）身體活潑，靈動，臟腑動作頗健而速。（二）有力而不能耐久。（三）少錮疾。惟疾病頗驟。不速愈。即速死。(四)有創造之思想及能力。善計畫。惟不能細密周到。亦不能完成。(五)樂觀而有希望。熱心而無恐懼。(六)好活動。喜維新。不忍耐。(七)愛變化。(八)好威權。(九)激勵興奮。(十)變易無常。涉於輕躁。

淺色之缺點 (一)血氣剛勇。每爲力不勝任之事。(二)疏忽鹵莽。不事預備。(三)易於激動。故不甚可恃。(四)好威權。有時殘酷無情。(五)放蕩縱慾。(六)不能忍受日光。人種學家謂古時征服印度、波斯、埃及等處之白人。以不能忍受該處強烈日光。旋即絕種。故各處仍歸深皮色人統治。無政治人才。以致滅亡。蓋淺色人所受強烈日光之影響。始則激刺。繼則衰弱。繼則退化。終則滅種。惟平常日光影響稍緩。若在日光極烈之印度。則白人未有三代而猶存者。美洲、南歐、澳洲等處日光稍遜。故數代之後始有影響。然近今各該處人口。皮色漸深。淺色之人。反日漸體弱。多悲觀、恐懼、怠惰。

不純粹之淺色人。如色雖淺而身材短小。頭形低短而狹。則其人較之深色人亦必活潑熱心。若深色淺色混合之種。則當以目爲準。故黑髮藍睛爲淺色。而黄髮黑睛爲深色。惟其特性與純粹之深色人或淺色人比較稍弱。

第三章　深色

深色之人。其色得自遺傳。其先必曾居熱帶或近熱帶之地。若一家二子。一淺一深。則其父母必兼有深淺兩性。而二子一得其深。一得其淺也。

深色之特性　（一）身體不活動。蓋熱帶衣食住均不若溫帶寒帶之困難。故其地之人。不甚努力。（二）用力較緩。故能耐久。疾病不驟。惟易得錮疾。（三）善保守。不善進取。（四）專心堅忍。有恆不變。（五）不好聚羣娛樂。而愛家族及少數至友。（六）不喜物質上之事。而喜默思內省。故能研究哲學、宗教、性理、及神秘之事。（七）順服而少抵抗。故有黑奴而無白奴。（八）專心忍耐。能理細事。（九）無政治才能。故政治界人物。多淺色者。美國總統。除林肯而外。未有一深色者也。（十）謹慎莊重。較之淺色人。能懸怨懷恨。亦能無釁報復。煩惱時多悲觀憂悶抑鬱失望。（十一）雖不善創始發明。極善摹倣。且能改良修飾淺色人發明之物。華人、日人、黑人、皆以善摹倣著者也。（十二）感情不輕動。動時較淺色人強而久。（十三）愛情不驟而深。（十四）忠實、竭誠、周到、極可恃。（十五）長於音樂美術等需忍耐刻苦而成之技藝。

常人或愛淺色。或愛深色。實皆偏見。當知深色淺色之人。並無優劣。各有所長也。

第四章　皮色與職業

淺色之人。當爲自出心裁活潑變化之事。如廣告、工程、建築、著作、探險、漁獵、發明、法律、新聞、政治、戲劇、經商、及其他執行幹事職務。

深色之人。當爲忍耐專心循例周到之事。農業、商務、美術、著作、醫藥、哲學、音樂、統計、神學、新聞、法律、製造、細工、及一切管理上之職務。均極相宜。

深色淺色之人。雖有同能爲一事者。然其中仍有不同之處。譬如商業。深色之人宜爲管理招待等內部之事。而淺色之人宜爲買辦跑街等外部之事。

大多數之大事業。成就於淺色之總理幹事。及深色之書記會計。

第五章　皮色與交際

淺色之人。喜新穎之事。卽論故舊事物。亦必用新鮮之法。始有興味。其人又積極熱心。好實利及進取之事業。樂乘機會。愛威權。勸說之者。不可不於此留意。惟性易變動。當乘其熱心之時。促之決定。

深色之人謹愼莊重不甚熱心迂緩保守不喜變更愛朋友妻子好哲學宗教當以理論動之助其解決

應酬之時淺色人喜聚羣遊戲深色人喜與少數親友爲幽靜之娛樂

如辦事居淺色人之下當知其人易變遭其青眼不足爲樂遇其冷淡不足爲憂昨日加薪明日未必不減俸如有懇求當乘其興高之際如有陳述當取新奇輝煌之資料若夫指摘人之疵瑕周到處不宜而遇淺色之人尤不可不愼焉

如辦事居深色人之下其初不甚親密惟既得其信任之後必可靠不變爲事宜謹愼細到不可稍有疏忽當知其人不好阿諛新奇而最喜忠實可靠之人其爲首領也不似軍中嚴將而似家中父兄

第八編　舉止態度

第一章　坐立

有其觀念必有其感覺有其感覺必有其態度故態度實足以表見人之觀念也態度有二種曰暫時的曰習慣的習慣的態度表示其人遺傳之特性及日常之觀念暫時的態

度表示其人當時之感覺。

感覺之種類極多約言之有四。一、使人沮喪之感覺。二、使人得意之感覺。三、使人愛好之感覺。四、使人厭惡之感覺。屬於第一類者爲悲痛、憂愁、失意、氣餒、絕望、羞恥、悔恨、屈辱、疲勞、狐疑、屬於第二類者爲快樂、幸福、滿意、勇氣、希望、榮耀、志願、前知、權力、屬於第三類者爲欽仰、羨慕、尊敬、愛情、好奇、興趣、欲望、仁慈、同情、恩惠、屬於第四類者爲憎惡、怨恨、嫉忌、忿怒、恐懼、冷淡、輕蔑、殘忍、刻薄、疏忽、怠慢。

吾人有沮喪之感覺。則垂頭屈背。兩肩向前。口隅向下。手臂內曳。大趾相向。全身有折合之勢。若有得意之感覺。則舉首展眉。直背挺胸。兩肩上聳而後拋。口隅向上。手臂外伸。足趾相背。全身有伸張之勢。若有愛好之感覺。則兩目注視其物。身體手足皆向之。若有厭惡之感覺。則皺眉蹙額。露輕蔑不豫之色。目半閉。身體轉向他方。

由是觀之。平日低頭垂肩者。必多沮喪之感覺。其人必懦弱失望。無勇氣。不自信。內部臟腑。必受壓迫。足以致病。身體精神。皆需興奮之劑。此蓋不特爲以前失敗之結果。且爲將來失敗之原因。人觀之。必覺其人爲無能。而實則其人之無能。或不若觀之者所覺之甚也。此種人若能抬頭挺身。非特身體上將受益不淺。其精神上亦必大有更變也。

若平日身直頭高而帶笑容者、其人必有勇氣。能自信。惟其自信。因而人亦信之。故能成事。

雖然。勞心之學者。每多垂肩曲背。快樂而矜慢之人。亦多直背昂頭。此則不可一例而論。細心察之。自覺其不同也。

除此普通態度而外。進而言之。各種舉止。亦足以表見其人之性情。立時身體倚凭。坐時四肢伸展者。其人自誇自大而不自重。且作事疏忽怠惰。正與其坐立相同。若坐立平衡垂直緊固。則其人嚴肅、自重。整齊精確。可靠。若坐立不定。立則時時換足。坐則暫息椅邊。則其人激昂多疑。神經過敏。一若無時不預備逃遁者。若移動極少。立如柱。坐如磐石。則其人能忍耐。有威儀。自信自治。若態度活潑。立時身體前斜。兩膝略屈。頭微向下。目光閃閃而不正。則其人秘密、機巧、狡猾而無顧忌。

第二章　行走

行走之表見性情極易觀察。無目的無計畫之人。其行蹈搖曳。閃。困憊無志之人。則滑掇懶慢年老疾病之人。則軟弱踉蹌。矜誇之人。則昂首而行。虛榮之人。則高視闊步。渴望讚美之人。則蜿蜒婀娜。作不自然之嬌步。橫暴强悍之人。則肩突臂灣。作威嚇人之狀態。卑諂欺詐之人。則步滑如足下著油。自尊自負之人。則緩步而莊重。

若步伐短促而穩重。踵先著地。全身平衡。略向前傾。兩手微擺。則其人精銳活潑。有決心。富精力。爲城市中勤奮利達之人。

若闊步徐行。從容閑靜。則其人身體康健。心地和平。有思想。能耐久。爲農人樵夫獵者等山野生活之人。

若步伐大小參差。忽快忽慢。目不前視。行不直進。則其人意志薄弱。無決心。多疑惑。不能集中精力。實不知己之目的何在。浮泛不定。正與其行走相同。

第三章　手勢

手勢爲人類最初發表思想之惟一方法。原人未有言語之時用之。嬰孩未能言語之時用之。外人不通言語之時用之。卽平日言語之時。亦莫不用之以補言語之不足。故手勢者。最足以表示感覺之一端也。

凡手勢之高舉或外伸者表示快樂、得意、榮耀、贊成、挑撥、忿怒、鼓掌、昂首、舉肩、展胸、舞蹈、亦皆表示快樂得意。擺頭揮杖表示光榮若大揮大擺無所拘束則其人疏忽顯露否則其人能自制依習尚。

緊握而向前之拳表示忿怒及挑撥。若拳置掌中。或垂體旁。則表示決心牙齒緊咬搖頭頓足亦皆表示忿怒凡此劇烈之舉動皆所以宣洩其人之怒氣若隱而不發則怒毒內遏變成怨恨報復之念身體上亦受損害是故吾人忿怒之時切不可將怒氣內遏如發怒無害於事不妨急速發洩之如發怒將遺後悔應放鬆姿勢使全體和緩則怒氣自消無害於身。

第四章　目

西諺曰。『目爲心靈之窗戶』。故心之一思一想一感一覺莫不表見於目目之表現頗複雜難於形容惟有經驗者自能辨別今就目之開閉略論之

眼皮所以保護眼球其開閉實足以表示其人自覺所需保護之程度故大張之目表示其人無慮無疑不知危險自以爲無須保護或知有危險而膽大不懼也。

眼皮之開閉。亦所以表示所欲見之物之程度。故大張之目亦表示好奇詫異戒懼熱望。惟此乃暫時之大張。與不知恐懼習慣之大張不同。

眼皮更有一種功用。卽所以隱匿其目之表現。故大張之目。亦表示磊落誠實無所秘密。若誠實而精細之人。則其目開張適中。而視線平穩正直從容。若多疑機巧之人。則其目微閉。但留一線。狡猾之人。目之外角。略向下垂。

暴虐之人。其目半閉。眼皮緊壓眼球。其下邊成一直線。欺詐之人。目亦半閉。閃閃不敢正視。快樂之人。頰肌上擁。目之外角有皺紋。色慾熾者。眼皮頗厚。目亦微閉。聰明之人。其目活潑有神。愚鈍之人。其目昏淡無神。神經擾亂之人。其目轉捩不定。睜目而視。感情深厚之人。其目溫柔發光。微笑略閉。悲傷之人。其目頗呆。

學習觀目有一極妙之法。卽先摹倣其形狀。然後注意心中作何感覺。此法練習純熟之後。極爲靈便精確。

第五章　口

第二十二圖至第三十三圖十二圖中。除口部而外。其餘耳目鼻而皆同。然以其口部之

各異。觀之似十二不同之人。此十二種口形所表示之性情。極易斷定。第二十二圖爲微笑之口。表示性情和善。第二十三圖表示抑鬱不快。第二十四圖表示決心自治。第二十五圖表示輕忽藐視。第二十六圖表示能守秘密。第二十七圖表示瑣屑修飾。第二十八圖爲不能自治之口。表示多言貪食。第二十九圖爲接吻之口。表示愛情深厚。第三十圖表示厭忌憎惡。第三十一圖表示譏誚諷刺。第三十二圖表示訴苦哀號。第三十三圖表示恐嚇威逼。

口部最多運動。亦最易運動。幼年之人。頗難自制。將笑之時。兩端向上。將哭之時。唇自

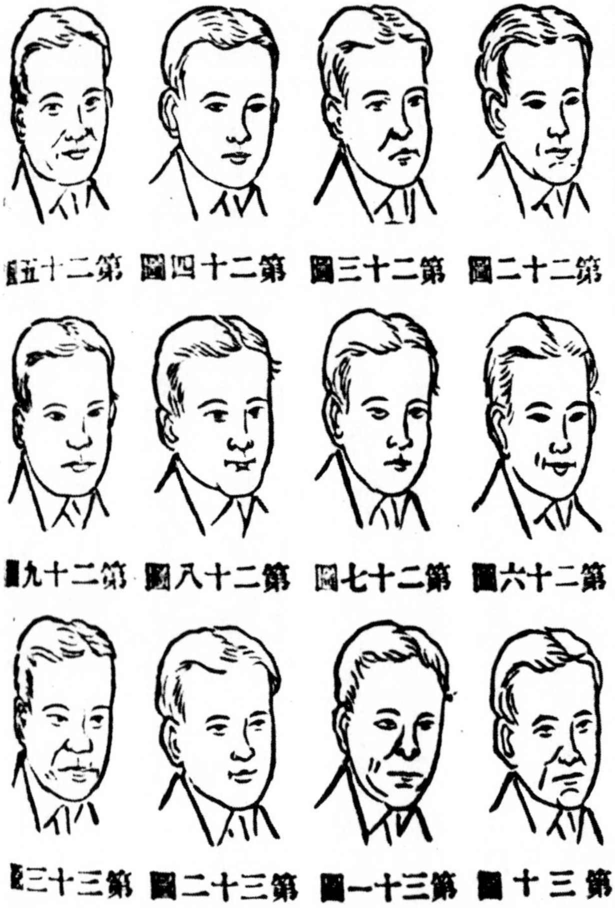

第二十二圖　第二十三圖　第二十四圖　第二十五圖

第二十六圖　第二十七圖　第二十八圖　第二十九圖

第三十圖　第三十一圖　第三十二圖　第三十三圖

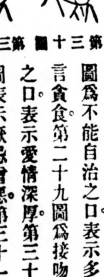

震動雖欲强制之而不可得也。及年齒較長。漸能自治。有所感覺。能不變面色。哭後亦能假笑。笑後亦能佯哭。然終年多笑之人。其平日必不能不帶笑容。終年多愁之人。其平日必不能不帶憂色。由此可知習慣入人之深。欲平日有何種形貌。非平日有其習慣不可也。

模範之口。大小適中。脣亦厚薄得宜。略濶色紅。齒齊顎固。言語之時。脣活動如意。休息之時。脣緊閉自在。吾人對於脣之厚薄。固不能改變。然其張閉形態。極爲重要。可隨時注意。欲得口之適當形態。不在勉强外求。而在培養優美之感情。感情優則口形自美矣。凡失意、氣餒、憎惡、怨恨、譏誚、虛榮、自私、縱慾、躊躇、毁謗、呪駡。皆足以損害口之美觀。而勇氣、自信、自治、決心、剛毅、仁慈、同情、戀愛、大度。皆足以增進口之美觀。

口形又能表示其人好稱揚讚美之心。試遇喜諛之人而稱揚之。則其上脣必上捲而露其齒。夫人中短者。其脣最便上捲。由是可知好受稱揚讚美之人。人中必短。優伶等華服之人。皆屬此類。駕馭之法。宜少毁詈。而間或褒獎之。

此種短人中之人。亦有極畏縮者。蓋其好受稱揚之心。變爲恐懼評貶。故一舉一動。莫不忸怩羞赧。

人中長者表示獨立、決心、堅忍、固持。若人中長且厚。突出於鼻及唇緣之間。則其人過於自尊自滿。不顧他人之評論。

第六章　聲音

聲音所表示之感覺。極易辨別。今分高低大小粗細而略論之。

尋常高音表示智慧。其人感情冷淡。筋肉不壯。此音可以代表勞心之人。

低音表示感情及血氣。其人情深體健。多闊頭及後長之頭。此音可以代表勞力之人及安樂之人。

聲之大小表示用力之程度。故大聲之人。精力之運用。無所約束。小聲之人。精力之運用。能就範圍。

粗聲表示粗鄙殘暴。細聲表示仁慈愛情。

薄弱而高之聲。表示疾病、疲勞、疑惑、抱怨。或自知所言不確。故熟諳者可聽聲而斷獄也。

驕矜自大之人。其聲重大而圓。謹慎自治之人。其聲低平而無變化。唇若不開。天性文雅

而受教育之人其聲低諧清朗

書法於筆力之中表示性情。非常精確。譬如蒼勁或清秀。莫不字如其人。惟詳細則不易形容。

第七章　書法

白紙寫字。有愈寫愈高者。則其人活潑樂觀浮泛。若愈寫愈低。則其人疲困失意悲觀。

結構謹密、大小勻淨之字。表示整潔、謙恭、保守、文雅。轉折圓而不足之字。表示疏忽怠惰。

大小不勻、行列不齊之字。表示變易無恆。

一行文字。若愈寫愈小。則表示其輕於承諾。而不必踐約。若愈寫愈大。則其所踐之約。或格外盡力。過於其所承諾。

字小而密。紙無餘處者。其人吝嗇。字大而疏。四周邊闊者。其人奢侈。疏密得當。邊緣適中者。其人不吝不奢。最爲經濟。

第八章　握手

握手之時。爲鑑人之一好機會。卽平日無意之間。各種握手之特點。亦足以[illegible]人愛惡。惟彼乃約略之感覺。尚欠精確耳。

握手之時。最當注意者。卽辨別其皮膚之粗細。肌肉之軟硬。以觸覺證實視覺之觀察。由此可下判斷。而知其特性。

其次爲手之温度。若天氣温和。而手頗冷。則其人性情冷淡。或身體不健。然身體旣不健。則其性情必不能活潑。涼爽之手。表示心氣和平。微温之手。表示快樂熱心。過熱之手。表示性情急激。

若其手感覺遲鈍。握後收回極速。則其人冷淡而依習尙。

若其手熱而韌。握時穩重平均。留戀少時。則其人必能相親相信。若非親族至友。而握手緊貼久時。則其人近乎阿諛。意欲顯其與人非常親熱。而實際上則不必若是之甚也。

若握手之際。過於用力。則其人兇猛而無思慮。

各人握手。亦各時不同。故不但表示其遺傳之性情。亦表示其當時之感覺。不可不注意也。

第九章　服飾

以服取人爲吾人最普通之習慣觀察之法全賴常識
服飾繁華艷麗顏色光輝而形式奇異者。其人粗鄙而羨虛榮好出風頭。服飾秀雅。顏色平淡而形式入時者。其人文雅清秀有美感。服飾舊式質堅色暗者。其人莊重嚴肅謹慎細心。服飾奇特者。其人性情怪僻。服飾不潔者。其人神志穢濁。

服飾宜與其人家況職位相當。若服過其財。則其人非特奢侈浮華。且不能自治。若服過其位。則其人既不經濟。又近驕慢。反之。若財過其服。或位過其服。則其人吝嗇。或他方面之用費太大。

第九編　結論

第一章　觀察略說

觀察人性。其詳略精粗。可隨時隨地隨人隨事而異。有但須知其大概者。有必須知其小節者。有某方面可輕忽疏略者。有某方面必特別注意者。凡此皆恃常識之判斷而已。譬如欲得一安靜謙遜忍耐竭誠之人。以就規定之職務。但得非常凹面之人可以不必他求。反之。若其人略有活潑好動之表見。即可知其不適宜。無待細察矣。

若與人交友將與共同作業相處時日甚長則非詳悉其小節不可。至於一己之性情夫婦之間父母之於子女師長之於兒童首領之於部下判官律師之於原告被告則觀察愈詳愈妙不患其繁瑣也。

第二章　相術之順序

欲詳知一人順序有五。一曰觀察。二曰互證。三曰參究。四曰較量。五曰論斷。

觀察者。觀察其表示性情之外貌即側面、正面、髮膚、肌肉、陰陽、頭形、皮色、及舉止態度是也。觀察之時。宜精確純熟。憶想各種特形所表示之特性。切不可疏忽。

互證者。以觀察之結果互相證實也。譬如其人凸而硬肉、陽性、闊頭、淺色、而舉止態度亦活潑猛健則其人必有非常之精力。蓋各方面皆表示其富有精力已互相證實也。反之。如其人但有一二方面表示其有精力則其精力必較薄弱也。

參究者。考其人各種特性之有無相尅及其特別之傾向也。譬如其人凹而膘。觀之宜乎精力不足。然其人乃方面、硬肉、陽性、闊頭、淺色。故詳細參究之後。可知其人精力實頗充足也。又若其人硬肉、陽性、闊頭、淺色。吾人於互證之時。知其人有非常之精力。今更須察其人精力之用途。若爲凸面。則必用於實際。若爲方面。則必用於勞動。若髮細膚纖。則必用於文雅之物。若其頭前高。則必用於高尙之事、換言之。側面表示其人用力之快慢久暫。用於理想。抑實際。正面表示其人用力於思想勞動、抑用力於經濟。髮膚表示其人用力於文雅之物。抑重笨之物。肌肉表示其人用力之猛急和緩。陰陽表示其人用力之直接間接。頭形表示其人用力於公益。抑用力於威權。皮色表示其人用力於進取。抑用力於保守。此但就精力一端而論。其他各種特性。亦當照此例互相參究。

較量者。比較各種特形之强弱。而定其所表示特性之分量也。夫後高之頭。表示其人之好威權。而深色表示其人之易屈服。故若其人頭之後部微高。而其皮色極深。則其人威權之心不强。而其屈服之念甚盛。兩相比較。卽可知其人之傾向矣。

論斷者。總計以上四種手續之結果也。論斷之時。當本諸常識。合於論理。不可有偏執之見。

以上五項。驟觀之似頗繁複。其實熟練之後。非常簡易也。

第三章　實例

今試以前美國總統羅斯福氏爲例。照前章所述之五項手續。解析其性情。

一、觀察　羅氏側面微凸。故思想精銳。重實際。傾向科學方面。惟對於哲學方面。亦非絕對冷淡。言語適當。既不若極端凸面之多言。又不若極端凹面之沈默。有精力。行事急而不激。較之極端凸面有耐久力。　羅氏正面複雜。故富思想。好活動。而有政治經濟興味。能爲一國之領袖。　羅氏髮膚略偏於細。故雖貴品質與美觀。亦重功用與實力。能耐勞苦。而感覺不鈍。　羅氏肌肉韌勁。故有變通之才。　羅氏五分之四爲陽性。故積極勇敢。尙實際。能以理論判斷。不以感情用事。然亦溫和而有同情。　羅氏頭形爲盎格羅撒克遜種。高長而闊。惟其高。故有志願。熱望有高尙之理想。抱樂觀。公平正直。自尊自重。惟其長。故重人道。解人情。愛家國。惟其闊。故有精力。有決心。不畏阻力。堅持不屈。　羅氏皮色偏於淺。故身體活潑。樂觀。興奮。好變化。熱心政治。　羅氏之舉止態度。俱表示精力、決心、活動、莊嚴。

二、互證　羅氏之凸面、複雜面、細髮、纖膚、陽性、長頭、可互證其智力之精銳。　羅氏之凸面、複雜面、韌肉、陽性、闊頭、淺色、可互證其精力之充足。　羅氏之凸面、韌肉、陽性、闊頭、淺色、可互證其陵轢他人之意態。羅氏之凸面、複雜面、韌肉、陽性、高闊之頭、淺色、可互證其好勝之心。羅氏之複雜面、陰性、高頭、淺色、可互證其首領之才。羅氏之複雜面、韌肉、陽性、闊頭淺色、可互證其性喜野外行獵軍事探險。

三、參究　羅氏之性情。並無相尅之處。惟其精力之傾向則有互相影響者。羅氏面凸。故其力用於實際。其面複雜。故其力用於思想勞動政治三者。其髮膚微細。故其力用於略帶文雅之事。其肉韌。故其力能變通。其性陽。故其力用於實際及政治上。其頭高。故其力用以達其志願。其頭長。故其力用於公益。其色淺。故其力用於物質上。

四、較量　羅氏性情平均。並無極端之處。故不必較量。

五、論斷　由以上各項觀之。羅氏之性情精銳、奮勉、機敏、正直、易變、猛健、熱心、勇敢、進取、實際、有志願、有理想、愛國家、樂爲政治上事業。羅氏因具上述之性情。或謂爲暴躁無遠慮。不知羅氏思想之速。與其行事相同。且各方面頗平均。惟其人既熱心勇敢而有決斷。行事之間。自不免小疵也。

第四章　自知

蘇格拉底曰『人不可以不自知不自知而欲知外物者愚之至也』夫自知之利甚大有關修養有關擇業有關交友有關婚姻自知乃立身處世之鎖鑰實對己之責任也自知之法與知人之五層手續相同更可與已知之性情互相參照益爲便易惟觀察之時不可過於疑慮譬如側面難定凹凸則稱之平面可矣髮膚難定粗細則謂之適中可矣論斷之時必公平合理不可有偏執之見常人自評長短或失之寬或失之苛若其目的在修養則甯失之苛必無自貴過周之理若其目的在立志則甯失之寬卽無其才尙可勉爲大事否則或有其才亦自餒而無成功之日矣

第五章　比較表　應用表

相術術之實驗有關係各方面之比較者既詳述於各編但習此術者非僅欲得其比較之結果而已其最後之目的則應用是也茲分別製爲比較表應用表爲全書之結束

(一)比較表

形貌		精力	智力	感情	意志	交際
側	上凸		精銳、重實際			

	下凸	不能耐久		易激動、不能忍耐	衝動的	活潑
	上凹		迂緩、多理想			
面	下凹	能耐久		不易激動、能忍耐	堅持的	溫和
正	三角	用於思想	活潑的	愛學問		喜聽演說議論
	方	用於勞動	建設的	愛自由		喜運動遊戲
面	圓	用於經濟	經濟的	愛娛樂		喜飲食
髮	纖細	弱	文雅的	文雅、感覺精銳		文雅
膚	粗糙	强	雄偉的	粗率、感覺遲鈍		粗率
肌	堅硬	用力猛急	偏執	無同情而公平	不屈	孤獨
	韌勁	用力緩急適中	變通	能變通	能變	能適應環境
肉	柔軟	用力和緩	靈巧	易於感動	薄弱	易於變動
陰	陽性	進取的	根據論理、創造的	難動	陵轢的	喜交換意見
陽	陰性	保守的	純任自然、摹做的	易動	服從的	喜批評人物
頭	前高	用於熱望	多意想	樂觀、有同情	高尚	喜談論思想、智識、精神方面各事

	前低	用於物質			凡庸	
	後高	用於威權			好威權	
	後低				易屈服	
	耳前長		強			
	耳前短		弱			
	耳後長	用於公益		感情深厚		善於社交
	耳後短	用於私利		不顧他人		冷淡
	闊	強	猛烈的	易怒	猛進的	粗率
形	狹	弱	婉轉的	和平	溫和的	和善
皮	淺	自動的	物質的、創造的	熱心、樂觀、輕泛	興奮、易變、好勝	廣而淺
色	深	被動的	精神的、摹倣的	嚴肅、慎重、有恒	堅忍、有恒、服從	狹而深

右表就各種形貌。比較其性情之異同。以便省覽。惟舉止態度。隨時發現。無比較可言。故從略。

（二）應用表

姓名	住		址	男　女	年　歲
側面	正面	髮膚	肌肉	陰陽	
頭形			皮色	坐立	行走
手勢	目	口	書法	握手	服飾
精力					
智力					
感情					
意志					

交際	職業	敎導勸化之法	應培養者	應改除者	備注

右表備各種機關操用人之權者。對於箇人爲詳細之考察。一一加以填注。庶支配職務各適其宜。於所營事業。必獲鉅大之效果。亦可備家庭學校考察兒童箇性。爲訓育之助。以期養成良善之公民。庶成材日多。棄材日少。家國社會均蒙其利。亦可備箇人之自加考察。各就所長所短。隨時注意。施以適宜之修養。庶性行日臻完美。而選擇職業。亦有標準。

新相術終

民國九年三月印刷
民國九年三月發行

（新相術）全一冊

定價銀二角

原著者　美國孛拉克福
譯述者　吳縣沈有乾
發行者　中華書局
印刷者　中華書局
印刷所　中華書局　上海靜安寺路一九二號

總發行所　上海棋盤街中華書局

分發行所　北京天津奉天贛州長沙開封溫州長春漢口南昌南京杭州濟南保定武昌太原常德瀘州成都重慶雲南徐州西安汕頭沙市廣州衡州貴陽吉林湖州安慶桂林東昌廈門邢台綏化烟台鄭州梧州石家莊黑龍江張家口新加坡　中華書局

（二〇五七）

占筮類			
1	擲地金聲搜精秘訣	心一堂編	沈氏研易樓藏稀見易占秘鈔本
2	卜易拆字秘傳百日通	心一堂編	
3	易占陽宅六十四卦秘斷	心一堂編	火珠林占陽宅風水秘鈔本
星命類			
4	斗數宣微	【民國】王裁珊	民初最重要斗數著述之一；未刪改本
5	斗數觀測錄	【民國】王裁珊	失傳民初斗數重要著作
6	《地星會源》《斗數綱要》合刊	心一堂編	失傳的第三種飛星斗數
7	《斗數秘鈔》《紫微斗數之捷徑》合刊	心一堂編	珍稀「紫微斗數」舊鈔秘本
8	斗數演例	心一堂編	
9	紫微斗數全書（清初刻原本）	題【宋】陳希夷	斗數全書本來面目；有別於錯誤極多的坊本
10-12	鐵板神數（清刻足本）——附秘鈔密碼表	題【宋】邵雍	無錯漏原版 秘鈔密碼表 首次公開！
13-15	蠢子數纏度	題【宋】邵雍	蠢子數連密碼表 打破數百年秘傳 首次公開！
16-19	皇極數	題【宋】邵雍	清鈔孤本附起例及完整密碼表 研究神數必讀！
20-21	邵夫子先天神數	題【宋】邵雍	附手鈔密碼表 研究神數必讀！
22	八刻分經定數（密碼表）	題【宋】邵雍	皇極數另一版本；附手鈔密碼表
23	新命理探原	【民國】袁樹珊	子平命理必讀教科書！
24-25	袁氏命譜	【民國】袁樹珊	
26	韋氏命學講義	【民國】韋千里	民初二大命理家南袁北韋
27	千里命稿	【民國】韋千里	
28	精選命理約言	【民國】韋千里	北韋之命理經典
29	滴天髓闡微——附李雨田命理初學捷徑	【民國】袁樹珊、李雨田	命理經典未刪改足本
30	段氏白話命學綱要	【民國】段方	民初命理經典最淺白易懂
31	命理用神精華	【民國】王心田	學命理者之寶鏡

32	命學探驪集	【民國】張巢雲	發前人所未發 稀見民初子平命理著作
33	澹園命談	【民國】高澹園	
34	算命一讀通——鴻福齊天	【民國】不空居士、覺先居士合纂	
35	子平玄理	【民國】施惕君	
36	星命風水秘傳百日通	心一堂編	
37	命理大四字金前定	題【晉】鬼谷子王詡	源自元代算命術
38	命理斷語義理源深	心一堂編	稀見清代批命斷語及活套
39-40	文武星案	【明】陸位	失傳四百年《張果星宗》姊妹篇 千多星盤命例 研究命學必備
相術類			
41	新相人學講義	【民國】楊叔和	失傳民初白話文相術書
42	手相學淺說	【民國】黃龍	民初中西結合手相學經典
43	大清相法	心一堂編	重現失傳經典相書
44	相法易知	心一堂編	
45	相法秘傳百日通	心一堂編	
堪輿類			
46	靈城精義箋	【清】沈竹礽	沈氏玄空遺珍 玄空風水必讀
47	地理辨正抉要	【清】沈竹礽	
48	《玄空古義四種通釋》《地理疑義答問》合刊	沈瓞民	
49	《沈氏玄空吹虀室雜存》《玄空捷訣》合刊	【民國】申聽禪	
50	漢鏡齋堪輿小識	【民國】查國珍、沈瓞民	
51	堪輿一覽	【清】孫竹田	失傳已久的無常派玄空經典
52	章仲山挨星秘訣（修定版）	【清】章仲山	章仲山無常派玄空珍秘 門內秘本首次公開
53	臨穴指南	【清】章仲山	
54	章仲山宅案附無常派玄空秘要	心一堂編	沈竹礽等大師尋覓一生未得之珍本！
55	地理辨正補	【清】朱小鶴	玄空六派蘇州派代表作
56	陽宅覺元氏新書	【清】元祝垚	簡易・有效・神驗之玄空陽宅法
57	地學鐵骨秘 附 吳師青藏命理大易數	【民國】吳師青	釋玄空廣東派地學之秘
58-61	四秘全書十二種（清刻原本）	【清】尹一勺	玄空湘楚派經典本來面目 有別於錯誤極多的坊本

62	地理辨正補註 附 元空秘旨 天元五歌 玄空精髓 心法秘訣等數種合刊	【民國】胡仲言	貫通易理、巒頭、三元、三合、天星、中醫
63	地理辨正自解	【清】李思白	公開玄空家「分率尺、工部尺、量天尺」之秘
64	許氏地理辨正釋義	【民國】許錦灝	民國易學名家黃元炳力薦
65	地理辨正天玉經內傳要訣圖解	【清】程懷榮	秘訣一語道破，圖文并茂
66	謝氏地理書	【民國】謝復	玄空體用兼備、深入淺出
67	論山水元運易理斷驗、三元氣運說附紫白訣等五種合刊	【宋】吳景鸞等	失傳古本《玄空秘旨》《紫白訣》
68	星卦奧義圖訣	【清】施安仁	三元玄空門內秘笈 清鈔孤本 過去均為必須守秘不能公開秘密 與今天流行飛星法不同
69	三元地學秘傳	【清】何文源	
70	三元玄空挨星四十八局圖說	心一堂編	
71	三元挨星秘訣仙傳	心一堂編	
72	三元地理正傳	心一堂編	
73	三元天心正運	心一堂編	
74	元空紫白陽宅秘旨	心一堂編	
75	玄空挨星秘圖 附 堪輿指迷	心一堂編	
76	姚氏地理辨正圖說 附 地理九星并挨星真訣全圖 秘傳河圖精義等數種合刊	【清】姚文田等	蓮池心法 玄空六法門內秘鈔本首次公開
77	元空法鑑批點本——附 法鑑口授訣要、秘傳玄空三鑑奧義匯鈔 合刊	【清】曾懷玉等	
78	元空法鑑心法	【清】曾懷玉等	
79	曾懷玉增批蔣徒傳天玉經補註【新修訂版原（彩）色本】	【清】項木林、曾懷玉	
80	地理學新義	【民國】俞仁宇撰	揭開連城派風水之秘
81	地理辨正揭隱(足本) 附連城派秘鈔口訣	【民國】王邈達	
82	趙連城傳地理秘訣附雪庵和尚字字金	【明】趙連城	
83	趙連城秘傳楊公地理真訣	【明】趙連城	
84	地理法門全書	仗溪子、芝罘子	巒頭風水，內容簡核、深入淺出
85	地理方外別傳	【清】熙齋上人	巒頭形勢、「望氣」「鑑神」
86	地理輯要	【清】余鵬	集地理經典之精要
87	地理秘珍	【清】錫九氏	巒頭、三合天星，圖文並茂
88	《羅經舉要》附《附三合天機秘訣》	【清】賈長吉	清鈔孤本羅經、三合訣法圖解
89-90	嚴陵張九儀增釋地理琢玉斧巒	【清】張九儀	清初三合風水名家張九儀經典清刻原本！

91	地學形勢摘要	心一堂編	形家秘鈔珍本
92	《平洋地理入門》《巒頭圖解》合刊	【清】盧崇台	平洋水法、形家秘本
93	《鑒水極玄經》《秘授水法》合刊	【唐】司馬頭陀、【清】鮑湘襟	千古之秘，不可妄傳匪人
94	平洋地理闡秘	心一堂編	雲間三元平洋形法秘鈔珍本
95	地經圖說	【清】余九皋	形勢理氣、精繪圖文
96	司馬頭陀地鉗	【唐】司馬頭陀	流傳極稀《地鉗》
97	欽天監地理醒世切要辨論	【清】欽天監	公開清代皇室御用風水真本
三式類			
98-99	大六壬尋源二種	【清】張純照	六壬入門、占課指南
100	六壬教科六壬鑰	【民國】蔣問天	由淺入深，首尾悉備
101	壬課總訣	心一堂編	過去術家不外傳的珍稀六壬術秘鈔本
102	六壬秘斷	心一堂編	
103	大六壬類闡	心一堂編	
104	六壬秘笈——韋千里占卜講義	【民國】韋千里	六壬入門必備
105	壬學述古	【民國】曹仁麟	依法占之，「無不神驗」
106	奇門揭要	心一堂編	集「法奇門」、「術奇門」精要
107	奇門行軍要略	【清】劉文瀾	條理清晰、簡明易用
108	奇門大宗直旨	劉毗	天下孤本　首次公開 虛白廬藏本《秘藏遁甲天機》 奇門不傳之秘　應驗如神
109	奇門三奇干支神應	馮繼明	
110	奇門仙機	題【漢】張子房	
111	奇門心法秘纂	題【漢】韓信（淮陰侯）	
112	奇門廬中闡秘	題【三國】諸葛武侯註	
選擇類			
113-114	儀度六壬選日要訣	【清】張九儀	清初三合風水名家張九儀擇日秘傳
115	天元選擇辨正	【清】一園主人	釋蔣大鴻天元選擇法
其他類			
116	述卜筮星相學	【民國】袁樹珊	民初二大命理家南袁北韋
117-120	中國歷代卜人傳	【民國】袁樹珊	南袁之術數經典